衢州文库 区域文化集成

三衢道中

# 衢州歷代詩文選

衢州市文化广电新闻出版局 编

商務印書館
创于1897 The Commercial Press

**图书在版编目（CIP）数据**

三衢道中：衢州历代诗文选／衢州市文化广电新闻出版局编. —北京：商务印书馆，2015
（衢州文库）
ISBN 978-7-100-11862-0

Ⅰ.①三…　Ⅱ.①衢…　Ⅲ.①古典诗歌-诗集-中国②散文集-中国　Ⅳ.①I211

中国版本图书馆CIP数据核字（2015）第302646号



**三衢道中**
——衢州历代诗文选
衢州市文化广电新闻出版局　编

---

商　务　印　书　馆　出　版
（北京王府井大街36号　邮政编码100710）
商　务　印　书　馆　发　行
山东鸿君杰文化发展有限公司印刷
ISBN 978-7-100-11862-0

---

2016年1月第1版　　　　开本 710×1000　1/16
2016年1月第1次印刷　　印张　15.25

定价：40.00元

# 《衢州文库》编纂指导委员会



# 《衢州区域文化集成》编纂委员会

# 《衢州文库》总序

陈　新

衢州地处钱塘江源头，浙闽赣皖四省交界之处，是一座生态环境一流、文化底蕴深厚的国家历史文化名城。生态和文化是衢州的两张“金名片”，让250多万衢州人为之自豪，给众多外来游客留下了美好的印象。

文化是一个地方的独特标识，是一座城市的根和魂。衢州素有“东南阙里、南孔圣地”之美誉，来到孔氏南宗家庙，浩荡儒风迎面而来，向我们讲述着孔子第48代裔孙南迁至衢衍圣弘道的历史。衢州是中国围棋文化发源地，烂柯山上的天生石梁状若虹桥，向人们诉说着王质遇仙“山中方一日、世上已千年”的传说。衢州也是伟人毛泽东的祖居地，翻开清漾村那泛黄的族谱，一部源远流长的毛氏家族史渐渐清晰……这些在长期传承积淀中逐渐形成的文化因子，承载着衢州的历史，体现了衢州的品格，成为衢州人心中独有的那份乡愁。

丰富的历史文化遗产是衢州国家历史文化名城的根本，是以生态文明建设力促城市转型的基础。失去了这个根基，历史文化名城就会明珠蒙尘、魅力不再，城市转型也就无从谈起。我们要像爱惜自己的生命一样保护历史文化遗产，并把这些重要文脉融入城市建设管理之中，融入经济社会发展之中，赋予新的内涵，增添新的光彩。

尊重和延续历史文化脉络，就是对历史负责，对人民负责，对子孙后代负责。对此，我们义不容辞、责无旁贷。近年来，我们坚持在保护中发展、在发展中保护，对水亭门、北门街等历史文化街区进行保护利用，复建了天王塔、文昌阁，创建了国家级儒学文化产业试验园区，儒学文化、古城文化呈现出勃勃生机。我们还注重加强历史文化村落保护，建设了一批农村文化礼堂，挖掘整理了一批非物质文化遗产，留住了老百姓记忆中的乡愁。尤为可喜的是，在优秀传统文化的涤荡和影响下，衢州凡人善举层出不穷，助人为乐蔚然成风，“最美衢州、仁爱之城”已成品牌、渐渐打响。

《衢州文库》对衢州悠久的历史文化进行了收集和汇编，旨在让大家更加全面地了解衢州的历史，更好地认识衢州文化的独特魅力。翻开《衢州文库》，你可以查看到载有衢州经济、政治、文化、社会等沿革的珍贵史料文献，追溯衢州文化的本源。你可以了解到各具特色的区域文化，感悟衢州文化的开放、包容、多元、和谐。你可以与圣哲先贤、仁人志士进行跨越时空的对话，领略他们的崇高品质和人格魅力。它既为人们了解和传承衢州文化打开了一扇窗户，又能激发起衢州人民热爱家乡、建设家乡的无限热情。

传承历史文化，为的是以史鉴今、面向未来。我们要始终坚持继承和创新、传统与现代、文化与经济的有机融合，从优秀传统文化中汲取更多营养，更好地了解衢州的昨天，把握衢州的今天，创造衢州更加美好的明天。

# 文化传承的历史担当（代序）

由衢州市文化广电新闻出版局组织编撰的《衢州区域文化集成》与《衢州名人集成》出版发行了，这两套集成内容广泛，门类齐全，特色鲜明，涉及衢州的历史文化、民情风俗、文学艺术、乡贤名人等方方面面，是一项浩大的文化工程，是一桩当今的文化盛事，也是近年来一项重要的文化成果。古人说：盛世修志，盛世修书。这两套集成的应运而出，再次见证了今天衢州文化的繁荣和兴旺。

衢州是国家历史文化名城，地处浙、闽、赣、皖四省交界，是多元文化交汇融合的独特地域，承载着九千多年的文明，可谓历史悠久，人文璀璨，有着丰富多样又特色鲜明的地方文化。一方水土养一方人，一方人又创造一方文化，因此，就衢州的文化而言，无论是以儒家文化为核心的主流文化，还是质朴自然的民俗文化，都打上了鲜明的地域印记，有着别具一格的风采和神韵，这就是我们昨天的一道永不凋谢的风景！是衢州人的精神因子与文化内核，是衢州人文精神的源头。

一个地方的文化传统、文化内涵、文化底蕴、文化品位如何，靠的不是笔墨和口水，而是靠我们拥有的那份文化遗存，靠固有的文化资源和独特的人脉传承，靠历史留下的那份无需争辩的文化财富。这两套集成就是要对衢州优秀的文化传统与当代文化进行全面的整理，并进行深入研究，分类撰写，汇编成册，把那些丰富的文化内涵充分地展示出来，让那些久远的同时又是优秀的历史文化走出尘封，让那些就在身边的优秀当代文化更清晰，让它们变得可以亲近，可以阅读，可以欣赏，可以触摸，可以感受，让优秀的地方文化焕发光彩！

优秀的地方文化是我们与前人共同创造的宝贵精神财富，是我们共同的精神家园，是我们共同的文化之根，是我们世代传承的精神血脉。传承优秀文化，是我们今天应有的历史担当，也是当下经济发展社会进步的客观需要。习近平总书记在纪念孔子诞辰2565周年国际学术研讨会暨国际儒学联合会第五届会员大会开幕式上的讲话中指出："科学对待文化传统。不忘历史才能开辟未来，善于继承才能善于创新。优秀传统文化是一个国家、一个民族传承和发展的根本，如果丢掉了，就割断了精神命脉。我们要善于把弘扬优秀传统文化和发展现实文化有机统一起来，紧密结合起来，在继承中发展，在发展中继承。"我们出这两套集成的最根本目的就是要继承优秀的传统文化，又在继承中发展当下的文化，推进我们的文化强市建设，丰富城市的文化内涵，提升城市的知名度和美誉度，助推衢州经济社会的发展繁荣。

在今天新的历史时期，全市人民正团结一心，意气风发，开拓创新，为实现美丽的中国梦、美丽的衢州梦而奋发努力。在这种时代背景下，更需要有优秀的人文精神来凝聚人心，焕发激情，启迪心智，加油鼓劲！《衢州区域文化集成》与《衢州名人集成》的出版，就是顺应这一需要，通过接地气，通文脉，鉴古今，让昨天的文化经典成为我们今天追梦路上新的历史借鉴和新的精神动力！

衢州区域文化集成
衢州名人集成
编委会

2015年12月

# 目　录

## 历代诗词卷

宋朝

## 元朝



## 明朝

## 清朝

民国

## 古代文选卷

## 现代散文卷

# 历代诗词卷

# 南朝·梁

萧纲一首

## 龙　丘　引

龙丘一回首，楚路苍无极。
水照弄珠影，云吐阳台色。
浦狭村烟渡，洲长归鸟息。
游荡遂春心，空怜无羽翼。

# 唐 朝

祝其岱二首

## 登江郎山咏二首

一自登山洗旧踪，层层尽是白云封。
今来古往谁如此，诸葛南阳有卧龙。

三峰屹立插云天，笔笔书空年复年。
待我养成翎翮健，奋身直上翠微巅。

张九龄一首

## 游江郎山访祝东山先生遗迹

攀跻三峰下，风光一草庐。
今见墨浪壁，昔闻君子居。
君子今何处，徘徊不能去。
不见当年人，但闻声过树。

顾况一首

## 经徐侍郎墓作

不知山吏部，墓作石桥东。

宅兆乡关异，平生翰墨空。
夜泉无晓日，枯树足悲风。
更想幽冥事，惟应有梦同。

耿沛一首

## 仙　山　行

深溪人不到，杖策独缘源。
花落寻无径，鸡鸣觉近村。
数翁皆藉草，对弈复倾尊。
看毕初为局，归逢几世孙。
云迷入洞处，水引出山门。
惆怅归城郭，樵柯迹尚存。

刘迥四首

## 题烂柯山四首

白云引策杖，苔径谁往还。
渐见松树偃，时闻鸟声闲。
豁然喧氛尽，独对万重山。

石桥架绝壑，苍翠横鸟道。
凭槛云脚下，颓阳日犹早。
霓裳倘一遇，千载长不老。

灵境偶一寻，洞天碧云上。

烂柯有遗踪，羽客何由访。
日暮怅欲还，晴烟满千嶂。

绳床宴坐久，石窟绝行迹。
能在人代中，遂将人代隔。
白云风扬飞，非欲待归客。

孟郊三首

## 烂柯山石桥

仙界一日内，人间千载穷。
双棋未遍局，万物皆为空。
樵客返归路，斧柯烂从风。
唯余石桥在，犹自凌丹虹。

## 峥 嵘 岭

疏凿顺高下，结构横烟霞。
坐啸郡斋肃，玩奇石路斜。
古树浮绿气，高门结朱华。
始见峥嵘状，仰止逾可嘉。

## 姑 蔑 城

劲越既成土，强吴亦为墟。

皇风一已被，兹邑信平居。
抚俗观旧迹，行春布新书。
兴亡意何在，绵叹空踌躇。

权德舆二首

## 送信安刘少府

相看结离念，尽此林中醁。
夷代轻远游，上才随薄禄。
参卿滞孙楚，隐市同梅福。
吏散时泛弦，宾至闲覆局。
襟情无俗虑，谈笑成逸躅。
此路足滩声，羡君多水宿。

## 送袁太祝衢婺巡覆

校缗税亩不妨闲，清兴自随鱼鸟间。
知君此去足佳句，路出桐溪千万山。

杨衡一首

## 赠　彻　公

白首年空度，幽居俗岂知。
败蕉依晚日，孤鹤立秋墀。
久客何由造，禅门不可窥。
会同尘外友，斋沐奉威仪。

李幼卿四首

## 游烂柯山四首

拂雾理孤策，薄霄眺层岭。
迥升烟雾外，豁见天地心。
物象不可及，迟回空咏吟。

巨石何崔嵬，横桥架山顶。
傍通日月过，仰望虹霓迥。
圣者开津梁，谁能度兹岭。

二仙自围棋，偶与樵夫会。
仙家异人代，俄顷千年外。
笙鹤何时还，仪形尚相对。

石室过云外，二僧俨禅寂。
不语对空山，无心向来客。
作礼未及终，忘循旧形迹。

羊滔一首

## 游烂柯山

采薪穷冥搜，深路转清映。
安知洞天里，偶坐得棋圣。
至今追灵迹，可用陶静性。

刘禹锡一首

## 答衢州徐使君

烂柯山下旧仙郎，列宿来添婺女光。
远放歌声分白纻，知传家学与青箱。
水朝沧海何时去，兰在幽林亦自芳。
闻说天台有遗爱，人将琪树比甘棠。

白居易三首

## 江　郎　山

林虑双童长不食，江郎三子梦还家。
安得此身生羽翼，与君往来醉烟霞。

## 轻　　肥

意气骄满路，鞍马光照尘。
借问何为者？人称是内臣。
朱绂皆大夫，紫绶或将军。
夸赴军中宴，走马去如云。
樽罍溢九酝，水陆罗八珍。
果擘洞庭橘，脍切天池鳞。
食饱心自若，酒酣气益振。
是岁江南旱，衢州人食人。

## 岁暮枉衢州张使君书并诗，因以长句报之

西州彼此意何如，官职蹉跎岁欲除。
浮石潭边停五马，望涛楼上得双鱼。
万言旧手才难敌，五字新题思有余。
贫薄诗家无好物，反投桃李报琼琚。

李商隐二首

## 龙丘道中二首

汉苑残花别，吴江盛夏来。
唯看万树合，不见一枝开。

水色绕湘浦，滩声怯建溪。
泪流回月上，可得更猿啼。

薛逢一首

## 送衢州崔员外

笑分铜虎别京师，岭下山川想到时。
红树暗藏殷浩宅，绿萝深覆偃王祠。
风茅向暖抽书带，露竹迎风舞钓丝。
休指岩西数归日，知君已负白云期。

项斯一首

## 游烂柯山

步步出尘氛，溪山别是春。
坛边时过鹤。棋处寂无人。
访古碑多缺，探幽路不真。
翻疑归去晚，清世累移晨。

贯休二首

## 寄衢州杜使君

清晨卷珠帘，盥漱香满室。
杉松经雪后，别有精彩出。
琅函芙蓉书，开之向阶日。
好鸟常解来，孤云偶相失。
有时作章句，气慨还鲜逸。
茫茫世情世，谁人爱真实。
清高慕玄度，宴默攀道一。
残磬隔风林，微阳解冰笔。
亦知休明代，谅无经济术。
门前九个峰，终拟为文乞。

## 瀫江秋居作

无事相关性自摅，庭前拾叶等闲书。

青山万里竟不足，好竹数竿自有余。
近看老经加淡泊，欲归少室复何如。
面前小沼清如镜，终养琴高赤鲤鱼。

罗隐三首

## 孙员外赴阙后重到三衢

远山高树思悠哉，重倚危楼尽一杯。
谢守已随征诏入，鲁儒犹逐断蓬来。
地寒谩忆移暄手，时急方须济世才。
宣室夜阑如有问，可能全忘未燃灰。

## 龙丘东下却寄孙员外

瀫江东下几多程，每泊孤舟即有情。
山色已随游子远，水纹犹认主人清。
恩如海岳何时报，恨似烟花触处生。
百尺风帆两行泪，不堪回首望峥嵘。

## 三衢哭孙员外

燕恋雕梁马恋轩，此心从此更何言。
直将尘外三生命，未敌君侯一日恩。
红蜡有时还入梦，片帆何处独销魂。
忍看明发衣襟上，珠泪痕中见酒痕。

韦庄一首

## 衢州江上别李秀才

千山红树万山云，把酒相看日又曛。
一曲离歌两行泪，更知何地再逢君。

杜荀鹤三首

## 宿栾城驿却寄常山张书记

一更更尽到三更，吟破离心句不成。
数树秋风满庭月，忆君时复下阶行。

## 登灵山水阁赠钓者

江上见僧谁是了，修斋补衲日劳身。
未胜渔父闲垂钓，独背斜阳不采人。
纵有风波犹得睡，总无蓑笠始为贫。
瓦盆盛酒瓷瓯酌，荻浦芦湾是要津。

## 出常山界使回有寄

自小即南北，未如今日离。
封疆初尽处，人使却回时。
开口有所忌，此心无以为。
行行复垂泪，不称是男儿。

皎然一首

## 奉和崔中丞使君论李侍御萼登烂柯山宿石桥寺效小谢体

常爱谢公郡，幽期愿相从。果回青骢臆，共蹑玄仙踪。
灵境若仿佛，烂柯思再逢。飞梁丹霞接，古局苍苔封。
往想冥昧理，谁亲冰雪容。蕙楼耸空界，莲宇开中峰。
昔化冲虚鹤，今藏护法龙。云窥香树沓，月见色天重。
永夜寄岑寂，清言涤心胸。盛游千年后，书在岩中松。

# 宋　朝

赵湘一首

## 游烂柯山

仙人与王质，相会偶多时。
落日千年事，空山一局棋。
树高明月在，风动白云移。
未得酬身计，闲来学采芝。

程宿一首

## 三衢道中马上口占

短亭疏柳映秋千，马上人家谷雨前。
几树旗枪茶霍靡，一溪鳞甲水潺湲。
莺期别后闻余弄，蚕候归来见小眠。
可惜西湖湖上月，夜来虚过十分圆。

梅尧臣一首

## 毛君宝秘校将出京示予诗因以答之

古城踏成谷，不见人马踪。

古人岂不行,旧迹岂不重?
从何求故步,往返自憧憧。
观君百篇诗,善画人形容。
毫发无不似,落笔任横纵。
曷如握明镜,物物目所逢。
赠以东南归,掷去手中筇。

文彦博一首

## 登江郎山读祝东山《行乐祠记》有感

伪周献媚貌如莲,高士山中醉欲眠。
天籁无穷钟鼓洞,清流不竭虎跑泉。
寸心遗世真千古,一息如公可百年。
郑谷夤缘犹在否? 祝君《行乐》到今传。

欧阳修一首

## 翠 贤 亭

君家富山水,占胜作高亭。
坐听溪流响,能令醉客醒。
阳生群木秀,寒入乱峰青。
吾族东南美,人贤地益灵。

苏舜钦一首

## 寄题周源家亭

君家有虚亭，跨涧复面山。
泉声碎环玦，清绕窗户闲。
潜鳞俯自钓，佳树坐可攀。
我思醉其上，与子开尘颜。
微吟对一枰，放此白日闲。

赵抃三首

## 题真岩寺

一炷清香一解颜，几生修得到林间。
朝无事也夕无事，从看山兮行看山。
梅玉破香供宴坐，松风奏曲度禅关。
静思四海五湖客，虽有黄金无此闲。

## 登真岩

殿阁凌空锁翠岚，雪晴春色在松杉。
芝軿羽驾归何处，留得双鸟宿旧岩。

## 题衢州唐台山

唐台压郡东北陲，势旋力转奔而驰。

伟哉造物谁其尸，一山中起高峨巍。
群峰环辅拱以立，背面肘腋相倚毗。
怪石差差少媚色，长松落落标雄姿。
岩隈有路数百仞，直登不悔形神疲。
中同轩豁浮屠舍，栋宇彩错金壁辉。
寒泉一亩清可鉴，优游鳣鲔扬鳞鬐。
猿闲鸟暇两呼笑，老僧矍铄趋且嬉。
天风烈烈骨毛竦，更云六月无炎曦。
攀缘绝顶下四顾，溪山百里如掌窥。
我思宜有隐君子，放心不与时安危。
巢由之行已高世，白云卧此逃尧妫。

蔡襄一首

## 送杨渥赴西安主簿

余思去夏还瓯闽，温风赤日争陶蒸。
舟行夜寄浙江椟，江涛汹涌来相仍。
雷电翕虩蛟螭腾，方床竹簟寒生冰。
上陇西去景色澄，青山两向水一絚。
猿鸟啼叫交酬应，晚樵出雾鱼投罾。
脱离滓浊跻陵兢，造托微波讯严陵。
清遐可使贪者惩，山穷水尽乃攀登。
烂柯岩岫孤崚嶒，幽邃窥瞩崖险凭。
少留观爱喜莫胜，子官其间良足称。
子材又美神粹凝，万象态度遭披凌。

吟咏设写逾画缯，当有味者论淄渑。
今予痴仕如秋蝇，飞尘满耳汗浃膺。
闻子大艑行可乘，骨目森竦神虑兴。
子姑去嗟予未能，送子一念魂九升。

曾巩一首

## 寄赵宫保

铜扉得谢从今日，玉铉辞荣已十年。
素节谠言留简册，高情清兴入林泉。
海边爱日疲人恋，剑外仁风故老传。
门外最应潇洒客，壶公平地作神仙。

王安石二首

## 水帘泉

淙淙万音落石颠，皎皎一派当檐前。
清风高吹鸾鹤唳，白日下照蛟龙涎。
浮云装额自能卷，缺月琢钩相与悬。
朱门欲问幽人价，翡翠鲛绡不直钱。

## 寄平甫弟衢州道中

浅溪受日光炯碎，野林参天阴翳长。
幽鸟不见但闻语，小梅欲空犹有香。

长年无可自娱戏，远游虽好更悲伤。
安得东风一吹汝，手把诗书来我傍。

苏轼二首

## 题李伯时画赵景仁琴鹤图

清献先生无一钱，故应琴鹤是家传。
谁知默鼓无弦曲，时向珠宫作幻仙。

## 挽王中甫（介）

先帝亲收十五人，四方争看击鹏鹍。
如君才业真堪用，顾我衰迟不足论。
出处升沉十年后，死生契阔几人存？
他时京口寻遗迹，宿草犹应有泪痕。

苏辙一首

## 衢州赵阅道少师濯缨亭

挂冠缨上已无尘，犹爱溪光碧照人。
点检旧游黄石在，扫除诸念白鸥亲。
一樽父老囊金尽，三径松筠生事贫。
他日面公数人物，丹青添入县图新。

## 和毛君州宅八咏之凤凰山

山川蟠踞偶成形，威凤低徊久未行。
更种梧桐真可致，高飞性似伯夷清。

黄裳一首

## 题芹遁二岭

芹遁二岭相对生，巍峨险峻不多争。
任尔更高千万丈，也须还我上头行。

毛滂四首

## 罢官次常山寄郑叔祥

闲身已置参军帻，归路仍推处士车。
石室散仙当醉起，试传消息过烟霞。

## 常山孙令见过仆未起孙题壁而去作绝句寄之

醉乡冉冉梦游间，一夜凉风唤未还。
可是应门无稚子，双凫仙去定谁攀。

## 水调歌头　登衢州双石堂呈孙八太守公素

谢安涵雅量，叔夜赋刚肠。清宵假寐，应笑长孺卧淮阳。尽彻东平屏障，不废南楼谈咏，宴寝自凝香。庭下一抔土，须避赤帷裳。　双石健，含古色，照新堂。百年乔木阴下，偃立两蛟苍。目送千山爽气，帘卷一城风月，杖屦合彷徉。他日峨眉秀，相望隔明光。

## 玉楼春　赠孙守公素

三衢太守文章伯。七月政成如戏剧。坐中咳唾落珠玑，笔下神明飞霹雳。才高莫恨溪山窄。且与燕公添秀发。风流前辈渐无多，好在魏公门下客。

程俱四首

## 得赵叔问衢婺道中书作寄

田中有秫醉渊明，石上无禾养伯龄。
耸涧苍松终郁郁，拂云归翼会冥冥。
避喧入境心随远，入梦家山眼共青。
岁晚定知成二老，深惭招隐苦叮咛。

## 题崇兰馆图二首

崇兰深寄北山幽，何日追随得自由。
下石向来多卖友，断金投老得良俦。

置我正须岩石里，如公总合上凌烟。
要令他日看图画，不愧平生与昔贤。

## 戊午岁九日复与叔问登城楼再用前韵作

兀坐空我服九华，衰颜深觉负黄花。
但令无事长相见，敢叹百年生有涯。
雉堞晓登千嶂抱，縠波秋净一溪斜。
归来更展新诗卷，醉墨淋漓似老鸦。

汪藻一首

## 登浮盖山

策杖扪萝到岭头，十年曾此一经游。
澄涵泉泻东西涧，突兀山蟠南北州。
翠顶冻云寒六月，丹炉留药暖千秋。
腾身已出尘寰外，更欲乘风傍斗牛。

韩驹一首

## 舟过航埠山

县郭连青野，人家蔽绿萝。
地偏春事少，山迥夕阳多。
暗水披崖出，扁舟掠岸过。
传声细扶舵，吾老怯风波。

李纲二首

## 杂兴二首

日出霜晴鸟雀呼，束装还复戒征途。
黄牛傍岸将孤犊，花鸭浮溪引众雏。
桥断水寒寻野艇，路迷山曲问田夫。
远游看尽溪山景，待向龙津画作图。

岁晚南迁殊未央，晓寒霜霰湿征裳。
烟笼山彩远增翠，风皱溪澜细漾光。
岭雪未销宫额粉，野梅初发御炉香。
谁怜飘泊螭蚴史，曾向钧天侍紫皇。

李清照一首

## 声声慢

寻寻觅觅，冷冷清清，凄凄惨惨戚戚。乍暖还寒时候，最难将息。三杯两盏淡酒，怎敌他，晚来风急？雁过也，正伤心，却是旧时相识。　满地黄花堆积。憔悴损，如今有谁堪摘？守着窗儿，独自怎生得黑？梧桐更兼细雨，到黄昏，点点滴滴。这次第，怎一个愁字了得！

曾幾二首

## 喜闻天兵已临衢寇

野宿溪行各晏然，吴头楚尾接风烟。

岂知苻泽深为祟,不道柯山最近天。
境上音邮多浪语,殿前兵马是真传。
未论日报书三捷,竹簟纱厨到晓眠。

## 三衢道中

梅子黄时日日晴,小溪泛尽却山行。
绿阴不减来时路,添得黄鹂四五声。

赵鼎二首

## 三衢多碧轩

平生爱山心不足,寸碧已复明双眸。
暮年得此幽栖地,枕上烟岚万叠秋。

## 趋三衢别故人

伧父何由习楚风? 家山俱在古河东。
相逢憔悴干戈后,追数悲欢梦寐中。
掺袂又成千里别,放歌空念一尊同。
他年倘有加餐字,试问渔舟鹤笠翁。

刘章一首

## 偃王庙

枌榆青荫密,不记几周星。

造化留神迹，山川妥地灵。
一时捐玉几，千古享彤庭。
仁义终难泯，丹心照汗青。

岳飞一首

## 送紫岩张先生北伐

号令风霆迅，天声动北陬。
长驱渡河洛，直捣向燕幽。
马蹀阏氏血，旗枭可汗头。
归来报明主，恢复旧神州。

黄公度四首

## 仙霞道中阻雨

薄暮雨霏霏，归心恨不飞。
客程三日阻，家舍半年违。
涧涩水争道，山高云触衣。
凭谁洗光手，取出太阳辉。

## 仙霞道中

村村翁媪贺年华，不道行人亦念家。
可是浮名能挽我，杖藜元日度仙霞。

## 至日题江山驿

客里萍逢愧此身，天涯风俗对兹辰。
云容山意商量雪，梅蕾葭灰漏泄春。
岁晚旅途元自恶，夜长归梦为谁频。
遥怜儿女团栾处，应念江山漂泊人。

## 题江山驿

归来已负百花期，闲拂尘埃看旧时。
极目平芜三十里，乡心惟有杜鹃知。

陆游八首

## 赠柯山老人

柯山老人九十余，乱发不栉疲如枯。
百穿千结一布裤，得酒一吸辄倒壶。
自言少年不蓄孥，有钱径付酒家垆。
人生办此真良图，弃官从翁许我无？

## 衢州道中作

耿耿孤忠不自胜，南来清梦绕觚棱。
驿门上马千峰雪，寺壁题诗一砚冰。
疾病时时须药物，衰迟处处少交朋。
无情最恨寒沙雁，不为愁人说杜陵。

## 访毛平仲问疾与其子适同游柯山观王质烂柯遗迹

篮舆访客过仙村，千载空余一局存。
曳杖不妨呼小友，还家便恐见来孙。
林峦巉绝秋风瘦，楼堞参差暮气昏。
酒美鱼肥吾事毕，一庵那得住云根。

## 舍　利　寺

卧载篮舆黄叶村，疏钟隐隐隔溪闻。
清霜十里伴微月，断雁半行穿乱云。
去国不堪心破碎，平戎空有胆轮囷。
泗滨乐石应如旧，谁勒中原第一勋。

## 过灵石三峰二首

奇峰迎马骇衰翁，蜀岭吴山一洗空。
拔地青苍五千仞，劳渠蟠屈小诗中。

晓日曈昽雪未残，三峰杰立插云间。
老夫合是征西将，胸次先收一华山。

## 宿仙霞岭下

吾生真是一枯蓬，行遍人间路未穷。
暂听朝鸡双阙下，又骑羸马万山中。
重裘不敌晨霜力，老木争号夜谷风。
切勿重寻散关梦，朱颜改尽壮图空。

## 过江山县浮桥有感

堪笑行人日日忙，又扶衰病过浮梁。
滩流急处水禽下，桑叶空时村酒香。
枯枿敢怀贪雨露，饥鸿自悯犯风霜。
宦途商略无安处，早晚归耕剡曲旁。

周必大一首

## 丞相余处恭挽词

勋业良平亚，声名丙魏齐。
擎天安玉座，推毂聚金闺。
乡墅休鹏翼，沙堤望马蹄。
新麾辞海上，旧治乐湘西。
岂料占飞鹏，真成梦白鸡。
九重思汝砺，三镇有儿啼。
昔者同朝久，公能不我睽。
《八哀》空日诵，一束几时携。

赵眘一首

## 潜邸送赵令衿还三衢

岩岩盘石固炎宗，旧法咸知属望崇。
末路从渠弃天爵，危言要自沃渊衷。
晴岚喜作修眉绿，霜叶休欺醉儿红。
诚向龟年问明月，桂光何处不相同。

杨万里九首

## 衢州近城果园

未到衢州五里时，果林一望蔽江湄。
黄柑绿橘深红柿，树树无风缒脱枝。

## 过 招 贤 渡

归船旧掠招贤渡，恶滩横将船阁住。
风吹日炙衣满沙，妪牵儿啼投店家。
一生憎杀招贤柳，一生爱杀招贤酒。
柳曾为我碍归舟，酒曾为我消诗愁。

## 明发三衢三首

拔尽新秧插尽田，出城一眼翠无边。
不关雨水愁行客，政是年年雨水天。

冲风破雨正愁人，愁得心情没半分。
何处吹来好消息，诸风放散夜来云。

云欲开时又不开，问天觅阵好风吹。
雨无多落泥偏滑，溪不胜深岸故颓。

## 过 杨 村

石桥两畔好人烟，匹似诸村别一川。
杨柳阴中新酒店，葡萄架底小渔船。
红红白白花临水，碧碧黄黄麦际天。
政尔清和还在道，为谁辛苦不归田。

## 宿 潭 石 步

三更无月天正黑，电光一掣随霹雳。
雨穿天心落篷脊，急风横吹斜更直。
疏篷穿漏湿床席，波声打枕一纸隔。
梦中惊起眠不得，揽衣危坐三叹息。
行路艰难非不历，平生不曾似今夕。
天公吓客恶作剧，不相关白出不测。
收风拾雨猝无策，如何乞得东方白。
垂头宿脚正逼仄，忽然头上复一滴。

## 晨炊江山县驿

闻道常山水壮哉，问途何惜小纡回。
平生不到江山县，临老须教作一来。

## 过景星山，山顶一石立，又名突星山

山头孤立玉伶俜，天上何年坠景星。
四面万峰非不峻，何如只是一峰青。

朱熹六首

## 烂　柯　山

局上闲争战，人间任是非。
空教采樵客，柯烂不知归。

## 仙　霞　岭

道出武夷乡思生，霞峰重迭面前迎。
岭头云散丹梯耸，步到天衢眼更明。

## 安 仁 晓 行

夙驾安仁道，行行得自娱。
荒山围野阔，远树出林孤。

景晦长烟合，天寒碧划枯。
归心怀往路，极目向平芜。

## 重过南塘吊徐逸平先生

不到南塘久，重来二十年。
山如龟背厚，地与马鞍连。
徐子旧书址，毛公新墓田。
青松似相识，无语独凄然。

## 观祝孝友画卷

春晚云山烟树，炎天雨壑风林。
江阁月临静夜，溪桥雪拥寒襟。

## 听　雨　轩

试问池塘春草梦，何如风雨对床诗？
三薰三沐事斯语，难弟难兄此一时。
适兴静弹琴几曲，遣怀同举酒千卮。
苏公感遇多游宦，岂不临风尚尔思。

辛弃疾三首

## 江郎山和韵

三峰一一青如削，卓立千寻不可干。
正直相扶无倚傍，撑持天地与人看。

## 庆　云　桥

断崖老树互撑拄，白水绿畦相灌输。
焉得溪南一丘壑，放船画作归来图。

## 浣溪沙　常山道中即事

北陇田高踏水频，西溪禾早已尝新。隔墙沽酒煮纤鳞。　　忽有微凉何处雨，更无留影霎时云。卖瓜人过竹边村。

叶适二首

## 衢州杂兴二首

玉研朱兮不可寻，暖风催绿麦成阴。
越山行尽见平野，江上水流无逝音。
地跨京师都邑壮，俗兼吴楚智谋深。
诏书宽大邦人诵，知有贤侯绥辔临。

樊梅野雪扫成泥，桃李纷纷照旧蹊。
行子束书轻驷马，主人炊蓐候鸣鸡。
百年囹圄荒蓬藋，万里耕桑接町畦。
堪笑腐儒何用此，只今飘转楚江西。

姜夔一首

## 招 庆 寺

诸老凋残极可哀，尚留名姓压崔巍。
刘郎可是疏文墨，几点胭脂湿绿苔。

毛开一首

## 满江红 送施德初

东马严徐，名籍甚、西京人物。谁不羡、伏蒲忠鲠，演纶词笔。雅意中朝今小试，二年东郡弦风迹。数中兴、循吏两三人，公居一。 温诏趣，还丹阙。倾睿相，方前席。看云台登践，论思密勿。超览堂中遗爱在，几人同恋津亭别。顾倦游、云路仆登仙，心如失。

高翥一首

## 度 仙 霞 岭

尽日度仙霞，西风吹髩华。
乍寒抛白苎，临晚见黄花。
山险全无路，溪清半是沙。
岭云逢宿处，斜月带栖鸦。

刘克庄三首

## 徐 偃 王 庙

仁暴由来各异施，秦徐至竟孰雄雌？
君看骊岫今无墓，得似柯山尚有祠。

## 江 山 道 中

纯绵未觉中年暖，薄酒难禁二月寒。
可惜一溪挑李树，贪程不得过桥看。

## 送子约赴衢教

博士非如吏，巍然道自居。
诸生趋避席，太守揖升车。
朱笔浓批卷，青灯细勘书。
汉庭重文藻，行矣召严徐。

张道洽二首

## 题包山书院

衔命龙荒万里余，归寻水竹与同居。
早承洙泗传心学，晚辟包山教子书。
细草幽花香笔砚，清风明月满庭除。
一生宇宙皆春意，此乐颜鲁亦自如。

## 梅　　花

行尽荒林一径苔，竹梢深处数枝开。
绝知南雪羞相并，欲嫁东风耻自媒。
无主野桥随月管，有根寒谷报春回。

醉余不睡庭前地，只恐忽吹花落来。

柴望二首

## 山　居

老来无一事，僮与鹤相随。
绕屋疏疏竹，编墙短短篱。
起来花换影，知是睡多时。
莫厌山居寂，山人只自宜。

## 送弟元亨

北虏方闻郭子仪，上流决有退师期。
诸公但洒临江泪，老子祇围别墅棋。
露布夜传诛鞑靼，蜡丸便递破符离。
书生已办平淮表，先寄鹡鸰原上诗。

柴随亨一首

## 江　郎　山

世事无情几变迁，郎峰万古只依然。
移来渤海三山石，界断银河一字天。
云卷前川龙挂雨，风生阴洞虎跑泉。
群仙缥缈来笙鹤，石顶天香坠玉莲。

谢枋得一首

## 哭祝献烈公

棣棠花发满江郎，战血淋漓洒夕阳。
朱子无言称好遁，黄岩有恨咏其镗。
飞章已褫奸臣魄，殉难犹闻姓名香。
自古精忠轻弃骨，孤魂千里梦沙场。

周密一首

## 长亭怨慢

记千竹、万荷深处。绿净池台，翠凉庭宇。醉墨题香，闲箫横玉尽吟趣。胜流星聚。知几诵、燕台句。零落碧云空，叹转眼、岁华如许。 凝伫。望潇潇一水，梦到隔花窗户。十年旧事，尽消得、庾郎愁赋。燕楼鹤表半漂零，算惟有、盟鸥堪语。漫倚遍河桥，一片凉云吹雨。

余玠一首

## 瑞鹤仙

怪新来瘦损。对镜台、霜华零乱鬓影。胸中恨谁省。正关山寂寞，暮天风景。貂裘渐冷。听梧桐、声敲露井。可无人、为向楼头，试问塞鸿音信。 争忍。勾引愁绪，半掩金铺，雨欺灯晕。家僮困卧，呼不应，自高枕。待催他、天际银蟾飞上，唤取嫦娥细问。要乾坤，表里光辉，照予醉饮。

于石一首

## 题石壁寺

石壁名山多胜游，背环古木面清流。
一池空对旃檀塔，双港中分芳草洲。
豹隐安知兴废事，眠牛不碍往来舟。
海棠菡萏今何在，风月人间几度秋。

柴元彪一首

## 秋日江山道中

豆花疏雨浥轻埃，墅店新凉入酒杯。
草带淡烟搂古道，树含断霭翳荒台。
湖光隐见萍分合，山色有无云去来。
满眼秋光无尽意，三峰万古碧崔嵬。

蒋芸一首

## 寄张道洽

衰柳疏松对夕阳，老来秋思倍堪伤。
已无上苑千葩秀，仅有东篱一捻黄。
细诵佳章排宿恨，旋呼村酒纵诗狂。
西风策马能过我，老圃余蔬尚未荒。

沈九如一首

## 江郎山怀古

江郎片石旧曾谙，仰止高峰一驻骖。
万仞云封天尺五，千寻岳立像参三。
鼎分鳌足凌清汉，角峙台垣隐翠岚。
记得东山遗迹在，书香远镇甲东南。

王琼奴一首

## 答徐苕郎

茜色霞笺照面赪，玉郎何事太多情。
风流不是无佳句，两字相思写不成。

# 元　朝

方回一首

## 清湖春早

楼上春阴覆晓云，一河天净碧沄沄。
雨宜不骤风宜细，闲倚阑干看水纹。

鲜于枢一首

## 石桥山留题

旁通日月上星辰，有路遥应接玉京。
仙弈未终人物换，秦鞭不到海波平。
当时混沌知谁凿，他日崆峒强自名。
枯树重荣事尤异，欲从樵者问长生。

薛昂夫一首

## 蟾宫曲　题烂柯石桥

甚神仙久占岩桥，一局楸枰，满耳松涛。引得樵夫，旁观不觉，晋换了唐朝。斧柄儿虽云烂却，裤腰儿难保坚牢。王母蟠桃，三千岁开花，总是虚谣。　懒朝元石上围棋。问仙子何争，樵叟忘归。洞锁青霞，斧柯已烂，局势犹迷。恰滚滚桑田浪起，又飘飘沧海尘飞。恰待持杯，酒未沾唇，日又平西！

虞集一首

## 寄三衢守马九皋

闻道三衢守，年丰郡事稀。
诗成花覆帽，酒列锦成围。
鹤发明春雪，貂裘对夕晖。
扁舟应载客，闲听洞箫归。

萨都剌二首

## 三衢守马昂夫索题烂柯山石桥

洞口龙眠紫气多，登临聊和采芝歌。
烂柯仙子何年去，鞭石神人此地过。
乌鹊横桥秋有影，银河垂地水无波。
遥知题柱凌云客，天近应闻织女梭。

## 寄马昂夫总管

衢州太守文章伯，酒渴时敲玉井冰。
径造竹床忘是客，横拖藜杖去寻僧。
人传绝句丁唐体，自恐生前是薛能。
日暮江东怀李白，凤凰台上几回登。

柳贯三首

## 舟次衢州

逌然青霞君，问我廿年别。
南洄复西沉，有行何屑屑。
京尘苦未浣，玄葆变霜茁。
是身本不赀，吾计乃自谲。
情知禄万钟，顾岂在笔舌。
毛锥强解事，涂抹岂驾说。
从谁饰竿牍，若已负羁绁。
停舟此水滨，滞虑一澡雪。
可能招翔鸾，为尔恨啼鴂。
珍重幽桂丛，高枝待予结。

## 送陈彦正山长奉亲赴柯山

之官深入烂柯乡，高坐葵园旧讲堂。
邓氏三为文学掾，菑川重起孝廉郎。
板舆行乐春犹早，萱草忘忧日正长。
太极一图关道妙，为开幽翳出朝光。

## 次衢州，卢彦远总管、任仲安同知留宴平山堂上，慨想旧游，席间为赋

山如雉堞水如陴，堂槛凭空直下窥。

指似雪鸿留迹处，看成辽鹤返家时。
使君延劳承终宴，倦客追欢惜早衰。
为向青霞仙者说，吾游未了一枰棋。

张可久二首

## 红绣鞋　三衢山中

白酒黄柑山郡，短衣瘦马诗人，袖手观棋度青春。仙桥藏老树，石笋瘗苍云，松花飘瑞粉。

## 折桂令　莲花道中

洗黄尘照眼沧浪。古道依依，暮色苍苍。远寺松篁，谁家桃李，旧日桑柴。红袖倚低低院墙，白莲开小小林塘，过客徜徉。题罢新诗，立尽斜阳。

揭傒斯一首

## 送郑司狱归衢州却赴调京师

壮年执戟事明君，一日上书天下闻。
不恨栖迟百僚底，犹堪激烈万人群。
烂柯山远回孤棹，析木天清望五云。
尽说于公有阴德，掉头相别大江濆。

张雨二首

## 三衢道中二首

大溪中道放船流，船压山光泻碧油。
三百里滩欹枕过，买鱼酾酒下严州。

东风恶剧雨飞花，被底春寒水涨沙。
兰苣溪香小回首，一峰晴雪是金华。

郑元祐一首

## 送毛彦昭归三衢

载雪曾过太末溪，天寒沙石净无泥。
碓舂白粲连滩响，橘熟红金压树低。
水驿灯明惊见雁，篷窗酒醒忽闻鸡。
龟峰记在君归读，异日春风听马蹄。

张正道一首

## 翠　光　岩

百尺苍崖水气昏，我来避暑动吟魂。
千年尽露波涛色，万古犹存斧凿痕。
倒跨苍龙探月窟，醉骑老鹤蹑云根。
天心水面无穷意，日日乘舟到洞门。

鲁贞一首

## 题 塔 山

天低云有影,日午塔无阴。
极目三秋望,登高万里心。

# 明 朝

张以宁一首

## 仙 人 棋

人道仙家日月迟，仙家日月转堪悲。
怎将百岁人间事，只换山中一局棋。

陈谟一首

## 常 山 县

城小因山秀，丹霞近可餐。
峰高迎月早，松老入云寒。
樵径通烟市，泉源护药栏。
幽栖农圃乐，奚必羡弹冠。

刘基五首

## 早行衢州道中

草际生曙色，林端收暝烟。
露花泫啼脸，风叶弹鸣弦。
农家喜铚艾，行歌向东阡。

大道无狭邪，平原多稻田。
客行良不恶，敢曰从事贤。

## 自衢州至兰溪

秋郊敛微雨，霁色澄人心。
振策率广路，逍遥散烦襟。
疏烟带平原，薄云去高岑。
湛湛水凝碧，离离稻垂金。
荞麦霜始秀，玄蝉自相寻。
心契清川流，目玩嘉树林。
歌传沧浪调，曲继白雪音。
仙山在咫尺，早晚期登临。

## 发龙游

微飙献清凉，客子中夜发。
秋原旷无际，马首挂高月。
草虫自宫商，叶露光可掇。
狭径非我由，周行直如发。
扬鞭望南天，晴霞绚闽越。

## 登安仁驿

鸡鸣发山驿，天黑路弥险。

烟树出猿声，风枝落萤点。
江秋气转炎，嶂泾云难敛。
伫立山雨束，客愁纷冉冉。

## 过 闽 关

关头雾露白濛濛，关下斜阳照树红。
过了秋风浑未觉，满山杭稻入闽中。

常遇春一首

## 龙 游 道 中

策蹇龙丘道，西风妒旅袍。
红添秋树血，绿长旱池毛。
比屋豪华歇，平原杀气高。
越山青入眼，回首鬓频搔。

夏原吉一首

## 过衢州次吴中书韵

使艖才拟过三衢，咫尺常山又驾车。
流水有声浮舴艋，好山无数插芙蕖。
身轻不惮行程远，才薄惟惭历仕初。
珍重同来贤内翰，嘉言毋惜话前途。

商辂一首

## 读祝厂公《从二帝北行诗》有感

迫路吟诗写隐衷，奇情苦志有谁同？
靖康大难当年作，劲节从君惟祝公。
报国精诚达上穹，满途血泪杜鹃红。
从君万里身漠北，奇节天生名宦空。

丘濬一首

## 题三衢山水图

我闻太末之区富山水，形胜东南独专美。
一川素縠皱秋纹，万叠银屏绚霞绮。
九龙作臣青翠深，金溪迢递来鸦金。
婺女镜台云里现，偃王玉研水中沉。
山趾依依僧寺小，湖心汀江渔舟岛。
石桥野色晓平分，古壁云根寒不老。
长松落落几丈强，深林灌木相低昂。
绿萝暗挂千岩雨，白瀑晴飞百道霜。
碧沙翠竹江边村，何人结屋依云住。
得非龙丘养高所，无乃安贞读书处。
读书不干万乘君，黄冠野服甘隐沦。
兴来垂纶钓绿水，醉后荷锄镵白云。
白云深处多幽侣，一笑相看兴容与。
有时缀席联诗篇，有时对酒谈古今。

山中之乐乐不穷，仿佛尚有太古风。
古风辽邈不可复，坐对此图怀此翁。
此翁今年年几许，白首林泉无恙否？
几欲为赋招隐篇，招之不来奈何汝。
也知不是忘世人，教子已见登青云。
唐虞在上有巢许，山灵不用生移文。

文徵明一首

## 题南溪卷赠詹德本

卜筑南溪上，分明似玉川。
有时还刮钓，乘兴好稳船。
夜色留明月，春寒锁碧烟。
何曾慕城市，鱼鸟自随缘。

王守仁四首

## 书草萍驿二首

九月，献俘北上，驻草萍，时已暮，忽传王师已及徐淮，遂乘夜速发，次壁间韵，纪之二首

一战功成未足奇，亲征消息尚堪危。
边锋西北方传警，民力东南已尽疲。
万里秋风嘶甲马，千山斜日度旌旗。
小臣何尔驱驰急，欲请回銮罢六师。

千里风尘一剑当，万山秋色送归航。
堂垂双白虚频疏，门已三过有底忙。
羽檄西来秋黯黯，关河北望夜苍苍。
自嗟力尽螳螂臂，此日回天在庙堂。

## 过常山别方棠陵

西峰隐真景，微径临通衢。
行役空屡屡，过眼皆尘迷。
青林外延望，中秘何由窥。
方子廊庙器，兼负云霞姿。
每逢泉石处，必刻棠陵诗。
兹山秀常玉，之子囊中锥。
群峰灏秋气，乔木含凉吹。
此行非住饯，谁为发幽奇。
奈何眷清赏，局促牵佳期。
悠悠伤绝学，之子亦如斯。
为君指周道，直住勿复疑。

## 舍　利　寺

经行舍利寺，登眺几徘徊。
峡转滩声急，雨晴江雾开。
颠危知往事，飘泊长诗才。
一段沧州兴，沙鸥莫浪猜。

朱应登一首

## 宿江郎山馆

江郎二月点莓苔，白雾黄云惨不开。
石碓自春知水长，布帆初饱觉风来。
旗亭唤客春尝酒，驿路怀人晓见梅。
世味已谙滩百转，山行明日又千回。

方豪二首

## 天　圣　堂

步入禅关气象明，漫看猿鹤自相迎。
檐前日影移花影，洞底泉声和磬声。
眼界从兹千顷阔，功名到此一半轻。
相逢却讶羽纶客，倾盖浑如有旧情。

## 木棉岭值雪

木棉岭上雪霏霏，缀树牵枝照客衣。
安得木棉花似雪，尽充贫女木棉机。

吾谨一首

## 天　童　山

秋山万点纡嶙峋，空青冻合浮乾坤。

登高送此千里目，落霞远水明孤村。
鹘没苍冥杳无际，日月东西相吐吞。
烟萝郁翠闷虚窟，俯视下土空尘氛。

胡宗宪二首

## 宴烂柯山

十里云山一径通，天门高敞五云中。
披云把酒兴不尽，直上峰头踏玉虹。

## 同幕客徐天池、沈勾章秀才翠光岩看渡兵

崇岩百尺俯清漪，胜地天留自有期。
隔浦青山丌锦障，悬崖红树列彤帏。
垂鞭倚马看兵渡，引缆行舟觉岸移。
幕客交游多意气，因将长剑镵丰碑。

海瑞一首

## 吊徐先生一门殉节

三辅烽烟接帝京，背城一战尚纵横。
家酬士死黄金散，身报君恩白骨轻。
北极铜驼春草没，西风画鹢夜潮倾。
阖门就义寻常事，遗恨犹闻鼓角声。

沈明臣

## 凯　歌

衔枚夜度五千兵，密领军符号令明。
狭巷短兵相接处，杀人如草不闻声。

## 送箕仲之衢州

古路三衢外，青山太末余。
樵迷仙子质，庙过偃王徐。
楚橘秋全熟，吴枫江渐疏。
旧游题石处，好为一踌躇。

## 再送王使君倅衢州

太末秋山晓黛浓，九仙依旧矗芙蓉。
使君一似任都尉，借问龙丘第几峰。

## 宴游烂柯山二首

偏裨结束佩刀弓，道上逢迎抹首红。
夜雪不劳元帅入，先擒贼将出洄中。

群凶万队一时平，沧海无波瘴岭清。
帐下共推擒虎将，江南只数义乌兵。

徐渭三首

## 奉侍少保令公驻师三衢，闻闽中寇悉平，因献凯歌

万山松柏绕旌旗，太保南征暂驻师。
接得羽书知贼破，烂柯山上正围棋。

## 早发仙霞岭

披衣陟崇冈，日中下未已。
雄伟奠两都，喷薄走千里。
百折翠随人，一望寒生眦。
高卑互无穷，参差错难理。
蔓草结层冰，乔木悬秀藟。
昼餐就村肆，小结依崖址。
去壑知几重，剖竿引涧水。
回视高峡巅，鸟飞不得比。

## 江郎山

危蹬发闽甸，孤壁矗江浦。
日如云外升，天从隙中度。
标映翠逾莹，赭错苍微护。
不爱山人樵，自山水沉树。

高顶澄方池，遥夜足春雨。
蝌蚪自依苔，鲜鳞倏飞雾。
何以致兹奇，写攫涸流鲋。
清夕听啼猿，白日接仙驭。
仰止莫能攀，搔首徒延伫。

詹莱一首

## 昭　庆　寺

二十年来早挂冠，世身相弃水云宽。
典坟丘索吾家事，耕牧渔樵物外观。
古殿屯云钟磬湿，空山过雨斗牛寒。
卧龙跃马今何在，高枕蒲团梦亦安。

童佩一首

## 春日登杜山

杜公曾托迹，芳姓只今留。
一自乘箕去，何人策杖游。
丛兰萎香气，良木老春秋。
岭下萧斋近，东家愧此丘。

王世贞二首

## 送陆秋生吊童子鸣

絮酒轻千里，生刍托寸心。

一贫无挂剑，百感为分金。
泪向吴江尽，恩偏越峤深。
山阳夜中笛，肠断不堪寻。

## 吊童子鸣

饭颗山头骨，陵阳石畔心。
隐能逃小贾，穷不废长吟。
妇泣黔娄被，兄悲子敬琴。生与兄友爱甚
龙丘墓堪傍，千古是知音。

王世懋一首

## 游城西楼

雨合烟霏望不穷，层楼百尺似浮空。
清迷橘柚寒山外，白点鸥凫细浪中。
游目岂须吾土贵，赏心偏为故人雄。
不知醉后题姑蔑，可得东阳八咏同。

汤显祖二首

## 过凤凰山

系舟犹在凤凰山，千里西江此日还。
今夜魂销在何处，玉岑东下一重湾。

## 罢令归过太末

清献坊西一棹移，溪山樵语暮烟迟。
始知白昼高眠客，不是青城散乐时。

胡应麟二首

## 游烂柯山题青霞洞天石室中

布袜芒鞋兴未阑，天风吹客上层峦。
仙山七日柯初朽，人世千秋局未残。
塔影半摇苍霭暮，钟声微度白云寒。
龙肝食罢知难老，笑揖群真跨紫鸾。

## 小憩圆通寺

说法闻初地，题名到上方。
砌幽松子落，林远叶声长。
夜雪飘山磬，秋云洒石床。
坐来千嶂里，岚翠满衣裳。

徐銮一首

## 天童山

春风乘兴到仙坛，羽客相迎出远关。
磴道险临苍树杪，楼台高起彩云间。

天童灵迹今犹在，海岛仙人去不还。
我欲借骑松下鹤，凌风飞佩上三山。

方应祥一首

## 谒徐忠壮公祠

夜落星芒风怒号，晋宁城上拥弓刀。
浑脱乱济云冲阵，娄宿惊看血溅袍。
岚石军民图像古，柯山阀阅对门高。
紫阳纲目称良史，特苇先书四字褒。

陆弼一首

## 仙　霞　岭

疲马关门外，萧萧枫声新。
山腰低落日，木梢度行人。
久客音书断，清秋水饵频。
游谈非所好，归任囊中贫。

陆应旸一首

## 烂　柯　山

残星半落松坪老，绝壁孤悬鸟道寒。
天外送青来片石，雨余飞翠入层拦。

王思任二首

## 须江道中

百里皆卢橘，三家亦水湄。
溪喧春自接，屋险树交支。
鸟语深林碎，鱼行浅濑迟。
游山不及老，灵运许心知。

## 常山道中

石壁衢江狭，春沙夜雨连。
溪行如策马，陆处或牵船。
云碓滩中雪，人家柚外烟。
故乡寒食近，啼断杜鹃天。

金实一首

## 衢　江

鲛人宵织灵虚宫，双垂练带光涌空。
玉梭飞残半钩日，千尺平铺白如雪。
经烟纬雾回暖纹，东风剪断春无痕。
远山飞岚蘸新绿，潜蛟吹涛钿花簇。
越罗蜀锦不胜裁，夜夜蓝江展银曲。

叶其蕃一首

## 徐徽言墓

羊皮混脱济奇功，苦战河西气若虹。
孤垒伤心烧积甲，全家溅雪洒弯弓。
中原马革归魂远，绝塞龙颔坠地空。
朽骨灯檠悲更露，白杨高冢啸哀风。

田惟佑一首

## 龙游至衢州

龙游接衢州，景不殊兰溪。
山少滩濑多，沙石成长堤。
溪流时冲决，两岸无平蹊。
湍急舟行速，水浅石可携。
野荒少人烟，地瘠艰锄犁。
泊舟无村市，遇夜随停栖。
幸无尘客惊，惟闻山鸟啼。
船空水汩汩，篷疏风凄凄。
寤寐梦不成，候晓无鸣鸡。
惆怅盼山家，遥遥望中迷。

余用循一首

## 九日登鸡鸣山

平岗孤塔对西岑，桂醑萸杯客共临。
曲按善讴频击缶，风当危坐但披襟。
山前衰草残秋色，溪外高城急暮砧。
试道鸡鸣成狂事，令人传说到如今。

# 清 朝

李渔五首

## 自开化抵常山舟中即事三首

解缆开帆信急湍，浪花飞作雨声寒。
金溪一滴篙头水，题到常山砚未干。

昨从山路俯看舟，一叶微茫水上浮。
今日仰观山上客，星星飞鸟树梢头。

两岸峰高日易曛，牛羊星散鸟成群。
独余樵叟不归去，偏在山腰砍暮云。

## 自常山抵开化道中即事

山雨初收野色凝，菜花麦浪压芳塍。
征人为得行吟趣，闲却肩舆不肯乘。

## 衢游返棹

数日曾穿万叠山，浑身衣带翠微斑。
原来济胜非奇事，兴至登临若等闲。

有句但思留石上，无魂不虑返人间。
斧柯未烂归期促，愧自神仙洞里还。

周亮工二首

## 须江尽处

万滩腾掷众山斜，窈眇江流亦有涯。
小憩乍如方出岭，频来直似倦还家。
五株欲种门前柳，千树空题观里花。
莫忆劳劳亭下月，送人风雨度仙霞。

## 仙霞岭

略尽冬春高下峰，离离霞映玉芙蓉。
竹埋岩下泉归灶，轮舞滩边石自舂。
四面水声闲客袂，无端日色映游踪。
自惭袱被尘沙满，赖有看山致未慵。

尤侗一首

## 望江郎山怀东山读书室

石者白为云，云者青为石。
云石不可知，一片空濛色。
三峰豁复开，中有君子室。
奇人与奇文，千古江郎笔。

徐之凯一首

## 晚过安仁渡

暝入平沙鸦满林，悬崖鸣濑气萧森。
江宽易变风云色，夜冷常怀冰雪心。
旧历青山随眼识，惭来明月带愁深。
酒樽莫为更筹误，相伴渔舟有笛声。

朱彝尊二首

## 雨度仙霞岭

仙霞高不极，半岭一云平。
倚杖惊吾老，攀崖羡客行。
经心苍藓滑，照眼白花明。
回首枫林暮，先秋叶自鸣。

## 常山山行

常山玉山相去百里许，山行十人九商贾。
肩舆步担走不休，四月温风汗如雨。
劝客何不安坐湖口船？船容万斛稳昼眠。
答云此间苦亦乐，且免关吏横索钱。

陆棻一首

## 登常山城楼观涨

列缺耀中宵，屏翳倾巨壑。
洪波溢金川，奔流绕东郭。
日出霁烟浮，绕山苍霭薄.
惜哉春江水，清流忽焉浊。
渔纲集城隈，鸡声远篱落。
此地多鱼龙，旱魃庶无虐。

王士祯二首

## 自龙游渡江辄为小诗书于船窗二首

新妇岩前月，初三夕影垂。
江流荡明镜，上下双蛾眉。

腊雪冻犹积，春波浅未生。
龙丘人不见，两岸辘轳鸣。

洪升二首

## 衢州杂感二首

巑岏岭势矗仙霞，阻遏妖氛建虎牙。
障日从篁宁容骑，连云列戟不通鸦。

居人乱后惟荒垒，巢燕归来只数家。
一片夕阳横白骨，江枫红作战场花。

荒村野老暮相逢，为说今年洚水冲。
一夜波涛如溃海，万山风雨出飞龙。
支崖不见孤撑石，卧壑曾闻倒拔松。
听罢踟蹰坠双泪，可能入告免租庸？

查慎行八首

## 早发常山大雾

苦雾忽吞天，去城不数武。
如行襄城野，七圣迷所处。
初日渐渐高，寒光翳复吐。
窅然坠醉梦，既觉乃停午。
前瞻怀玉峰，峰峰垂白缕。
西江行在望，未济恐多阻。

## 发常山早雨晚晴二首

七日江程上水难，肩舆差比布帆安。
朝来便觉山行好，小雨才过路便干。

菜畦麦陇黄兼绿，李径桃蹊白间红。
着色春光谁画得，常山西畔玉山东。

## 度仙霞关题天雨点庵壁

虎啸猿啼万壑哀，北风吹雨过山来。
人从井底盘旋上，天向关门豁达开。
地险昔曾资剧贼，时平谁敢说雄才？
煎茶好领闲僧意，知是芒鞋到几回！

## 峡　口

矮屋荒村岸，浮桥乱水湾。
船初通峡口，路已入乡关。
红敛初沉日，青余未了山。
沙田秋熟早，牛更比人闲。

## 雨过江郎街二首

奇峰登五老，秀岭度双姑。
好笑江郎石，朝来却避吾。

雨滴松杉径，烟迷罢亚乡。
秋山行处好，何必认江郎？

## 江　行

长亭七十有四，川路萦纡倍艰。
安稳烟波六宿，卸帆已到常山。

陈鹏年二首

## 姑蔑杂诗

姑蔑濒炎海，深秋只薄寒。
授衣逢稔岁，谋食愧儒冠。
丹桔霜前熟，黄花雨后残。
一编聊暂把，微照卷帘看。

## 浮石即事

江郭春残雨乍晴，恰乘微雨看春耕。
孤村响送樵风暖，十里青翻麦浪平。
到处穷檐闻疾苦，隔年傲吏减逢迎。
香山遗迹停轩处，揽辔真惭瀫水清。

钟定一首

## 鹿溪晚泊

青山隔岸鹿溪长，嘉树浓阴透夜凉。
滩激声高星影动，夜来犹有蕙风香。

陈万策一首

## 枫　　岭

石路弯回绕涧旁，轻舆直上到危冈。
寺僧指点门前道，枫岭南头即故乡。

孔毓玑一首

## 龙山纪游

石磴凌危常过鹿，溪流成饮细生鱼。
珍珠帘卷当晴昼，寒雨垂垂下碧虚。

黄子云一首

## 度仙霞岭

鸟道迂回上，猿声缥缈闻。
峰盘三百级，身入万重云。
天地闽中险，阴晴岭半分。
出关尽蛮语，端合作参军。

杭世骏一首

## 仙霞岭用周司农栎园韵

冲晓征夫已首途，兜舆一路野花扶。
千溪赴壑斜通越，叠嶂奔云倒控吴。
胜境旧传仙到此，上头曾有雁来无？
香瓷茗碗前因在，客兴应知尚未孤。

钱载二首

## 橘　林

嘉实三衢种，秋江百里阴。
倚梯人正采，压岸雨初淋。
香落篷船细，寒遮碓屋深。
谁言千户等，不觉暮愁侵。

## 将至衢州

草坪人已返，直放下滩船。
老识三叉路，重逢十月天。
溪寒茶味淡，山静橘香鲜。
未必无童子，棋声落照边。

袁枚一首

## 过仙霞岭

乱竹扶人上，蒙茸但见烟。
千盘难度鸟，万岭欲藏天。
古树拏云健，重门铸铁坚。
分明两戒外，别自一山川。

钱维城一首

## 过衢州

落日碧溪净，开帆暮雨晴。
西风如有意，送我衢州城。
橘实霜后熟，枫林霞外明。
两涯纷过锦，岂直画中行。

纪昀一首

## 衢州

偃蹇低篷下，江船七日行。
夜寒惊水气，风急怯滩声。
久住真无赖，频辞似有情。
也堪称益友，能使躁心平。

方芳佩一首

## 三衢道中

初到三衢问水程，江乡风物总关情。
滩声澎湃飞流急，帆影参差夕照明。
山鸟啼来偏悦耳，野花看尽不知名。
挑灯坐听蓬窗雨，赢得诗怀分外清。

朱珪三首

## 寓衢州崔氏花园二首

浮槎上衢江，假馆讵安宅。
军门托校艺，信宿已九夕。
行马各有主，守官从所役。
城西敞园居，清旷宜暖席。
方塘开源泉，怀抱悟夙昔。
适当来复朝，天心此昭析。

嘉园岂无名，移居会有诗。
客来观我园，何必独乐之。
花香绕四阿，去作十日思。
丛兰虽未葩，芳远无人时。
国香天乞与，为善意在兹。
如长日加益，此语良非欺。

## 夫子家庙示孔氏诸生

建炎昔南辕，阙里此分宅。
天轮转阳光，岂异景朝夕。
我来拜遗像，抠衣屏驺役。
俨然五岳尊，亓官对几席。
平生疑檀弓，传闻异在昔。
先师人伦至，辨伪兹更析。

奠楹宗万古，过庭传礼诗。
翩翩青衿子，不学焉用之。
汉传逮唐疏，宋义可研思。
收族葛根庇，勤业蛾术时。
十室有忠信，六籍况在兹。
荒嬉竟无益，吾敢童角欺。

赵文楷三首

## 宿樟树潭二首

白板门前泊钓船，碧没滑笏着轻烟。
沙堤十里濛濛雨，恰似江南二月天。

夹岸梅花映水滨，白茫茫间碧粼粼。
分明一夜漫天雪，化作江南万树春。

## 衢州府

斗转星回岁又终，天涯羁客任飘蓬。
黑貂未染南天雪，锦字虚传北至鸿。
下濑船如秋叶坠，还家梦逐晓云空。
可怜暮雨潇潇夜，独坐孤灯宿短篷。

焦循二首

## 同 年 哥

同年哥,竹皮为笠棕为蓑,上滩不得如滩何。
同年嫂,人言十五容颜好,容颜今共秋山老。
家住兰溪女铺东,往来送客江郎道。
江郎山接仙霞关,行人南去舟空还。
还时经过捉差处,锒铛系颈当差去。
垂头典卖衣与钗,哥问余钱嫂不语。

## 出衢州十里宿鸡鸣山下

鹿鸣石室望不远,纵横百船双塔西。
衢州十月似八月,蟋蟀夜鸣红树溪。

黄爵滋一首

## 衢州舟次除夕

鼓棹下太末,明流动春暄。
汀绿苏草意,岸青濛柳痕。
兹游爱烟景,矧值朋好敦。
共酣风波梦,复饱烟霞餐。
奇气逼金剑,壮思翻银澜。
入暮四天合,犹挂临水轩。
江船绚明烛,不知烟树昏。

高谈无俗侣，环坐如诸昆。
且结忘形契，一醉迎年尊。

林寿图一首

## 过樟树潭至衢州风雨

篙工精爽紧，猛进向太末。
大树闯将军，险隘已争夺。
幕云忽倒垂，鞭石兢回挞。
如合群山围，不纵一帆阔。
落后骑土牛，亦免奔蹄脱。
逆途识顺处，晚到胜先达。
平明三尺涨，枯滩喷新沫。
始知风雨驰，以救鱼龙渴。
此州粳稻乡，夏插秋未活。
流莩春恐多，膏泽岁毋阏。
琐琐牵旅愁，于世比瓜葛。
米家父子墨，胡不早涂抹。

左宗棠一首

## 龙游军中重九用许雪门韵

万山秋气赴重阳，破屋颓垣辟战场。
沉劫难消三户恨，高歌聊发少年狂。
五更画角声催晓，一夜西风鬓欲霜。
笑语黄花吾负尔，荒畦数朵为谁忙？

俞樾一首

## 滩行曲

天风蓬蓬吹上头，江水汩汩走下流。
十里五里作一束，三老失色长年愁。
长年裋衣立篷底，持篙终日身伛偻。
既怜重如挽牛弩，更讶轻若盘蛇矛。
一滩才过一滩又，滩声化作风飕飗。
织成一幅光明锦，抛出千点琉璃球。
水中之石何磊磊，飞涝日夜恣簸蹂。
直如山径走荦确，岂复江面行夷犹。
长鲸系舟舟不动，短篙撑舟舟仍留。
竟须大力负之走，入水学作吴儿泅。
南人乘船如骑马，日月跳掷乾坤浮。
天公有意弄奇局，乃于水底生赘瘤。
移山那有夸娥子，贷水更无监河侯。
即使舟轻似赤马，何堪滩险如黄牛。
我以丁丑发桐庐，始于庚辰至龙游。
自庚迄癸又四日，计程犹未到衢州。
黄头郎既绝有力，青唇妇亦工操舟。
而乃入险复出险，迂回不复能预谋。
殷勤酌酒劳僮仆，勿言臬兀今番尤。
平生忠信颇自负，风波虽险何足忧。
再拼滩行四五日，山中稳坐青竹兜。

郭嵩焘一首

## 衢州夜雨

西北浮云东去长，孤城四月雨浪浪。
高穹黯淡平陂白，夏麦漂流春草黄。
半夜风涛沉鼓角，扁舟江浦梦潇湘。
干戈愁疾俱难遣，酒醒三更泪数行。

黄遵宪一首

## 九姓渔船曲

使君五马从天来，八闽张罗网贤才。
何图满载珊瑚后，还有西施网载回？
西施一舸轻波软，原是官船当娃馆。
玉女青胪隔窗窥，径就郎怀歌婉转。

黄孙灿一首

## 舟次苏木滩遇风

钱塘江边初鼓柁，一望江光如碧玉。
淹迟五日上严滩，石尤偏向征帆触。
大船人众不復畏，度尽千山万山绿。
又行五日到龙游，觅更芦鸟求轻速。
果然一叶去如飞，屈指江程不等宿。
篙师仰面忽疾呼，波声汹汹风飕飕。

滩高水急不可当，柔篙一枝难把握。
如山白浪打船头，篙师船尾号咷哭。
长绳凭空一掷来，邻船争救吾船覆。
两船夹行得无恙，此身免葬江鱼腹。
丙申之岁游金阊，买棹曾过具区曲。
云埋碧障天无光，骤雨倾如石门瀑。
风卷船篷空际翔，神魂几为波臣逐。
今日江行同一危，追忆曩时如在目。
漫说江西十八滩，过此已能生觳觫。
自古多云行路难，安居那解苍天福。

舒庆云二首

## 步云楼即事二首

城里青山屋外田，茅檐麦浪起炊烟。
小楼昨夜笙歌散，应有插秧人未眠。

小有山头人守佃，尚留余地种桑麻。
何当陌上春归后，香遍衢州桔柚花。

刘侃一首

## 渡　清　湖

十里城南路，舟车此地纷。
虹桥收浙雨，驿路入闽云。
岸阔村烟密，秋深社鼓闻。
行人真毂击，客到坐斜曛。

刘佳一首

## 衢州孔氏家庙瞻先师遗像系木刻传是端木子手雕

抠袂趋崇阶，虚堂幽以邃。
伯鱼与子思，配食列旁位。
于中设穹龛，穆哉神所萃。
再拜遗像前，肃然发遐思。
日角与龙颡，一一皆伟异。
传是卫国贤，摹刻志师谊。
千秋道范新，万古崇模寄。
铸金未易方，绣丝故同义。
其言或难知，其人望可识。
庶使后人观，恍惚神明契。
或如趋而从，或如主而侍。
尧可见羹墙，旦且通梦寐。
直若见其心，不惟求诸似。
当其握铅时，微渺托深意。
所以南渡孙，宝此勿失坠。
尊并遗履藏，昭若发朦示。
笑彼王右丞，刻画徒多事。

吴枫一首

## 鹿　　峰

我从鹿峰来，深入看山处。
有鸟木欣欣，无人泉自语。
闲山亦着忙，云来复云去。
流趣无滞机，禅堂转闲预。

韩馥三首

## 西安竹枝词三首

### 元　　宵

家家户户闹元宵，多少花灯彩色翘。
十一二前锣已响，沿街先见喜神摇。

### 清　　明

春祈社过到清明，十日城隍胜会迎。
箫鼓花灯天不夜，三更犹未息人声。

### 送　　亲

头担先扛女宅门，彩舆随后有猪豚。
嫁妆只是初开笔，接著催生到外孙。

余鹤千一首

## 采　莲　歌

凉风吹入绿杨湾，小艇浮鸥共往还。
且把明湖当明镜，凌波绰约整云鬟。

方煌二首

## 舟过航埠山二首

空山寂寂响流泉，不见人家见炊烟。
一树暝鸟啼不住，数声欸乃过前川。

入夜松风拂水轻，疏星萤火浸溪明。
牧童横笛归偏晚，隔岸犹闻四五声。

# 民　国

郑永禧二首

## 浮　石　潭

濑势奔腾白盈尺，浪花飞滚舞拳石。
仙人一去永无迹，败草枯杨赵公宅。
不见当年孟东野，壁诗剥蚀苔花壁。
黄昏断续柔橹鸣，飞霞落日向山夕。
五色炫耀相惊奇，鸥鸟不定投沙碛。
翠微碧潋自明灭，雪浪银涛撼开辟。
百丈绳丝莫可汲，大鱼出没无处获。
约矶凸屼锁晚烟，沙石勃怒船唇拍。
野大杂遝争渡头，渔歌唱动碧山陌。
浮云流水时相激，鹭鸶飞破江天白。
石屏剖腹泻银泉，天河倒影如飞帛。
帝王一去不南来，孤滩日夜鸣啧啧。
风雨河山经几秋，沙头掘得朱家戟。

## 送客至樟树潭

一水纹如縠，孤帆客路寻。

塔尖截云表，树影入潭心。
鸟语春风早，渔歌夕照沉。
桃花新涨发，应感我情深。

徐映璞二首

## 过清献书院

万竿修竹簇河洲，里有名贤旧钓游。
世事如棋柯易烂，清溪无恙石能浮。
文章私淑经三载，宦迹人推第一流。
日日濯缨亭下路，数声渔笛又勾留。

## 咏衢西望漾楼夜市

灯火交辉映水明，长堤横卧晚风清。
鹿鸣山耸烟云秀，铁瓮城高物候更。
杨柳楼头惊客梦，瑟琶舟畔动秋声。
仙霞烽火钱江浪，滞我年来笠屐程。

余绍宋五首

## 游寺下村吊刘文靖公

延和寺下旧村庄，一水萦回万竹苍。
何意各贤栖隐处，也随人世话沧桑。

## 立春感怀

避难山村类转蓬，春来却在雨声中。
惊心节物频回换，极目干戈苦战攻。
天地无情吾亦老，龙蛇久蛰或能翀。
何时得遂躬耕愿，于此粗营一亩宫。

## 题自画沐尘岁寒三友图三首

凭岩独立郁苍苍，鸟石涛声倍激昂。
相对寒柯无限意，因君写出我衷肠。

寓斋幸与此君邻，每写丛枝倍有神。
多谢虚怀能识我，悄无人处更相亲。

梅溪寂寂已无梅，剩此乔柯傍水隈。
于我特深知己感，幽魂潜袭笔尖来。

# 古代文选卷

# 水经注·谷水

北朝·郦道元

浙江又东北流至钱塘县，谷水入焉。水源西出太末县，县是越之西鄙，姑蔑之地也。秦以为县。王莽之末理也。吴宝鼎中，分会稽立，隶东阳郡。谷水东径独松故冢下，冢为水毁，其砖文：筮言吉，龟言凶，百年堕水中。今则同龟繇矣。谷水又东径长山县南，与永康溪水合，县即东阳郡治也。……其水飞湍北注，至县南门，入谷水。谷水又东，定阳溪水注之。水上承信安县之苏姥布。县本新安县，晋武帝太康三年改曰信安。水悬百余丈，濑势飞注，状如瀑布。濑边有石如床，床上有石牒，长三尺许，有似杂采帖也。《东阳记》云：“信安县有悬室阪。晋中朝时，有民王质，伐木至石室中，见童子四人，弹琴而歌。质因留，倚柯听之。童子以一物如枣核与质，质含之，便不复饥。俄顷，童子曰：‘其归。’承声而去，斧柯漼然烂尽。既归，质去家已数十年，亲情凋落，无复向时比矣。”其水分纳众流，混彼东逝，径定阳县。夹岸缘溪，悉生支竹，及芳枳木连，杂以霜菊金橙。白沙细石，状如凝雪。石溜湍波，浮响无辍。山水之趣，尤深人情。县，汉献帝分信安立，溪亦取名焉。溪水又东径长山县北，北对高山。山下水际，是赤松羽化之处也。炎帝少女追之，亦俱仙矣。后人立庙于山下。溪水又东入于谷水。

# 祭杨盈川文

唐·宋之问

维大周某年月日，西河宋某，谨以清酌脯羞之奠，敬祭于杨子之灵曰：自古皆死，不朽者文！北河流液，西岳吐云，叶神通气，降精于君。伏道孔门，游刃诸子，精微博识，黄中通理。属词比事，宗经匠史，玉璞金浑，风摇云起。闻人之善，若任诸己；受人之恩，许之以死。惟子坚刚，气陵秋霜，行不苟合，言不苟忘。大君有命，征子文房，余亦叨忝，随君颉颃。同趋北禁，并拜东堂，志事俱得，形骸两忘。载罹寒暑，贫病洛阳，裘马同弊，老幼均粮。自君出宰，南浮江海，余尝苦饥，今日犹在。之子妙年，香名早传，从来金马，夙昔崇贤。门庭若市，翰墨如泉，千载之后，闻而凛然。死而不忘，问余何伤？伤予命薄，益友零落。生平之言，幽显相托，痛君不嗣，匪我孤诺。君有兄弟，同心异体，陟冈增哀，归葬以礼。旅榇飘零，于洛之汀，我之怀矣，感叹入冥。见子之弟，类子之形，悼往心绝，慰存涕盈。古人有言，一死一生，昔子往矣，追送倾城，今子来也，乃知交情。惟郭是戚，有崔不易，来哭来祭，哀文在席。帷席可依，冰雪四满，家人哀哀，宾径微断。今我伤悲，情勤昔时，子文子翰，我缄我持，子宅子兆，我营我思。子有神鉴，我言不欺；我有絮酒，子其歆之。我亦引满，傥昭神期，魂兮归来，闻余此词。

# 衢州刺史厅壁记

唐·李　华

有汉已还，州统郡，郡或连十城，州或部十郡。江南多大郡，如会稽、丹阳，镇领遐阔，分置部都尉。自富春而南，太末一县抵于建安，今此州即古会稽西部之地也。虽官明吏修，如旷阻何，厥后相因，损益无恒，时更乱离，罢置纷糅。圣朝字育元元，纳于大中。自卫公累单于、英公灭句丽，天下和平，户口繁衍。元圣溥《行苇》、《蓼萧》之泽于下，廷延公卿，议割州邑。谓疆与府近，则易为理；人与吏亲，则易为安。以婺州封畛为广，分置衢州，领六县，犹为大郡。近岁析玉山全邑洎须江南乡益信州而不为寡。去年江湖不登，兹境稍穰，故浙右流离，多就遗秉，凡增万余室而不为众。吴越地卑，而此方高厚，居者无疾，人斯永年。名山大川，既丽且清，俗尚文学，有古遗风。国朝不以州领郡，郡与州更相为号，迁复从宜，事之当也，置观察之司而董临之。此州长吏之选，甲于他部。

忠贞之老，则武威公李仆射杰；亲贤之望，则信安郡王祎。遗政行为故事，名位光于屋壁。开元、天宝中，始以尚书郎超拜名郡，贺兰大夫为之，李郎中为之。

自逆胡悖天地之慈，犯雷霆之诛，贺兰起北海之师，郎中佐浙东之幕，有文有武，家颂户歌。元恶天讨，余凶稔罪，皇恩示以铁钺之威，未即大刑，以为不教人战，是谓弃之。乃分诸州，置节度以镇之；州有防御军，刺史为之使，俾与夫持节某州诸军事，名实副焉。以此州密迩山阴，爰隶浙东。厅事冯高，戟户临江，武文左右，麾幢成列。千夫长、百夫长，上寮郡掾，属邑官吏，进退无声，趋拜风生。仕不登州，谈不为荣。

凡为州者，儒不毅勇则顿威，攻守所由败也；勇不儒和则失人，邦国所由困也。故二千石之任，方今为难。至尊垂忧，勤于兆人，延俊乂于高位，以苏州刺史陈郡殷公，文可以成政，武可以安人，明断良谋，忠在王室；其理也，宽不容怠，严不拒情，清白贯于神明，简易契于黄老，德必有邻，歌声宜继，由是命公典此邦也。至若建置城府之年月，升降品第之等差，风俗贡赋之宜，男女堤封之数，图牒备矣，老幼传之。今之所书，略举勋德也。元年建寅月二十一日，左补阙赵郡李华于江州附述。

# 答衢州郑使君论文书

唐·柳　冕

专使至，辱书，并归拙文，如见君子。所褒过当，无德以当之。幸甚！门人云：“夫子之文章，可得而闻也；夫子之言性与天道，不可得而闻也。”

即圣人道可企而及之者文也，不可企而及之者性也。盖言教化发乎性情，系乎国风者，谓之道。故君子之文，必有其道，道有深浅；故文有崇替，时有好尚；故俗有雅郑，雅之与郑，出乎心而成风。昔游夏之文，日月之丽也。然而列于四科之末，艺成而下也。苟文不足则，人无取焉，故言而不能文，非君子之儒也；文而不知道，亦非君子之儒也。逮德下衰，其文渐替，惜乎王公大人之言，而溺于淫丽怪诞之说。非文之罪也，为文者之过也。夫善为文者，发而为声，鼓而为气；真则气雄，精则气生，使五彩并用，而气行于其中。故虎豹之文，蔚而腾光，气也；日月之文，丽而成章，精也。精与气，天地感而变化生焉。圣人感而仁义生焉，不善为文者反此，故变风变雅作矣。六义之不兴，教化之不明，此文之弊也。

噫！文之无穷，而人之才有限，苟力不足者，强而为文则蹶，强而为气则竭，强而成智则拙。故言之弥多，而去之弥远，远之便已，道则中废，又君子所耻也，则不足见君子之道与君子之心。心有所感，文不可已，理有至精，词不可逮，则不足当君子之褒。敬叔顿首。

# 衢州徐偃王庙碑记

唐·韩　愈

徐与秦俱出伯翳，为嬴姓国，于夏殷周世咸有大功。秦处西偏，专用武胜；遭世衰，无明天子，遂虎吞诸国为雄。诸国既皆入秦为臣属，秦无所取利，上下相贼害，卒偾其国而沉其宗。徐处得地中，文德为治，及偃王诞当国，益除去刑争末事，凡所以君国子民待四方，一出于仁义。

当此之时，周天子穆王无道，意不在天下，好道士说，得八骏，骑之西游，同王母宴于瑶池之上，歌讴忘归。四方诸侯之争辩者，无所质正，咸宾祭于徐。贽玉帛死生之物于徐之庭者，三十六国，得朱弓赤矢之瑞。穆王闻之恐，遂称受命，命造父御，长驱而归，与楚连谋伐徐。徐不忍斗其民，北走彭城武原山下，百姓随而从之万有余家。偃王死，民号其山为徐山，凿石为室，以祠偃王。偃王虽走死失国，民戴其嗣，为君如初。驹王章禹，祖孙相望；自秦至今，名公巨人，继迹史书。徐氏十望，其九皆本于偃王，而秦后迄兹无闻家。天于伯翳之绪，非偏有厚薄，施仁与暴之报，自然异也。

衢州，故会稽太末也。民多姓徐氏，支县龙丘，有偃王遗庙。或曰：偃王之逃战，不之彭城，之越城之隅，弃玉几研于会稽之水。或曰：徐子章禹既执于吴，徐之公族子弟，散之徐、扬二州间，即其居立先王庙云。开元初，徐姓二人相属为刺史，帅其部之同姓，改作庙屋，载事于碑。后九十年，当元和九年，而徐氏放复为刺史。放字达夫，前碑所谓今户部侍郎，其大父也。春行视农，至于龙丘，有事于庙，思惟本原，曰：“故制粗朴下窄，不足以揭虔妥灵。而又梁桷赤白，陊剥不治，图像之威，黮昧就灭；藩拔级夷，庭木秃缺。祈甿日慢，祥庆弗下；州之群支，不获荫庥。余惟遗绍，而尸其上，不即不图，以有资聚，罚其可辞！”乃命因故为新，众工齐事，惟月若日，工告讫功，大祠于庙，宗卿咸序应。是岁，州无怪风剧雨，民不夭厉，谷果完实。民皆曰：“耿耿祉哉，其不可诬。”乃相与请辞京师，归而镵之于石。辞曰：

秦杰以颠，徐由逊绵。秦鬼久饥，徐有庙存。婉婉偃王，惟道之耽。以国易仁，为笑于顽。自初擅命，其实几姓。历短罍长，有不偿亡。课其利害，孰与王当。姑蔑之墟，太末之里。谁思王恩，立庙以祀。王之闻孙，世世多有。唯临兹邦，庙土实守。坚峤之后，达夫廓之。王殁万年，如始祔时。王孙多孝，世奉王庙。达夫之来，先慎诏教。尽惠庙民，不主于神。维是达夫，知孝之元。太末之里，姑蔑之城。庙事时修，仁孝振声。宜宠其人，以及后生。嗟嗟维王，虽古谁亢。王死于仁，彼以暴丧。文追作诔，刻示茫茫。

# 传法堂碑

唐·白居易

王城离域有佛寺，号兴善。寺之次也，有僧舍名传法堂。先是大彻禅师晏居于是寺，说法于是堂，因名焉。

有问师之名迹，曰：号惟宽，姓祝氏，衢州信安人。祖曰安，父曰皎。生十三岁出家，二十四具戒，僧腊三十九，报年六十三，终兴善寺，葬灞陵西原，诏谥曰大彻禅师元和正真之塔云。

有问师之传授，曰：释迦如来欲涅槃时，以正法密印付摩诃迦叶，传至马鸣，又十二叶传至师子比丘，及二十四叶传至佛驮先那，先那传圆觉达摩，达摩传大弘可，可传镜智璨，璨传大医信，信传圆满忍，忍传大鉴能，是为六祖。能传南岳让，让传洪州道一，一谥曰大寂，寂即师之师。贯而次之，其传授可知矣。

有问师之道属，曰：由四祖以降，虽嗣正法，有冢嫡而支派者，犹大宗小宗焉。以世族譬之，即师与西堂藏、甘泉贤、勒潭海、百岩晖，俱父事大寂，若兄弟然，章敬澄若从父兄弟，径山钦若从祖兄弟，鹤林素、华严寂若伯叔然，当山忠、东京会若伯叔祖，嵩山秀、牛头融若曾祖伯叔。推而序之，其道属可知矣。

有问师之化缘，曰：师为童男时，见杀生者，尽然不忍食，退而发出家心，遂求落发于僧昙，受尸罗于僧崇，学毗尼于僧如，证大乘法于天台止观，成最上乘道于大寂道一。贞元六年，始行于闽越间，岁余而回心改服者百数。七年，驯猛虎于会稽，作滕家道场。八年，与山神受八戒于鄱阳，作回向道场。十三年，感非人于少林寺。二十一年，作有为功德于卫国寺。明年，施无为功德于天宫寺。元和四年，宪宗章武皇帝召见于安国寺。五年，问法于麟德殿，其年复灵泉于不空三藏也。十二年二月晦，大说法于是堂，说讫就化。其化缘云尔。

有问师之心要，曰：师行禅演法垂三十年，度白黑众殆百千万亿，应病授药，安可以一说尽其心要乎？然居易为赞善大夫时，尝四诣师四问道。第一问云："既曰禅师，何故说法？"师曰："无上菩提者，被于身为律，说于口为法，行于心为禅。应用有三，其实一也。如江湖河汉，在处立名，名虽不一，水性无二。律即是法，法不离禅，云何于中，妄起分别？"第二问云："既无分利，何以修心？"师曰："本无损伤，云何要修理？无论垢与净，一切勿起念。"第三问云："垢即不可念，净无念可乎？"师曰："如人眼睛上，一物不可住，金屑虽珍宝，在眼亦为病。"第四问云："无修无念，亦何异于凡夫耶？"师曰："凡夫无明，二乘执着，离此二病，是名真修。真修者，不得勤，不得妄。勤即近执着，妄即落无明。"其心要云尔。

师之徒殆千余，达者三十九人，其入室受道者，有义崇，有圆镜。以先师常辱与予言，知予尝醍醐、嗅薝匐者有日矣。师既殁后，予出守南宾郡，远托撰述，迨今而成。呜呼！斯文岂直起师教慰门弟子心哉！抑且志吾受然灯记、记灵山会于将来世，故其文不避繁。铭曰：

佛以一印付迦叶，至师五十有九叶，故名师堂为传法。

# 龙游县新修舍利塔院记

宋·赵 抃

夫源已深，日加浚；根已固，月加培。彼培浚千万人，一二人焉将堙筑拔绝，俾派涸枝槁，闭窒颠踣，吾不识其为可也。浮屠氏法，始汉明帝时入中国，荧荧乎魏、晋，煌煌乎宋、齐，烜赫炽炎乎梁、陈、周、隋之间。王公卿士，上焉而倡导；豪贾大姓，下焉而服从。父提子手，不释不归；兄诏弟耳，不佛不师。货贝玉帛，怿乐弃施；肤髮支体，无所爱吝。州供里养，家擎户跽，祈利益，怖罪苦，心诚力勤，一以宗乎其教，如趋市然。有金壁丹刻，制拟王者不为之僭；炎而凉，寒而燠，钟鼓而食，不为之泰。唐高祖念其如是也，用傅奕益兵蕃生术，武德中将特断力行，会建成之变，禅代已画于中道。明皇开元初，宰相姚崇籍其徒无状者，发男女二万人。武宗听罗浮道士议，会昌五年诏坏寺招提兰若合四万四千，还其人二十六万。宣宗即位，愤道士议者，戮于市数人，遂复成树建。巢贼兵火，五代乱离，既涸而浮，既窒而流，既槁而荣，既踣而兴，其故何哉？源素深，根素固也。国朝四圣垂八十年，又日浚而月培之，今四海九州，其居其人之数，后不减于会昌前。呜呼，其盛矣乎！虽所谓一二人焉，其亦如之何哉！古太末之地，有舍利塔院，年祀弥远，栋败梁仆，邑人江延厚遽新其废，建释迦殿与其像，崇崇躭躭，轮奂繁靡。因而增葺之，曰法堂，曰方丈，曰门，曰廊，曰官院，无虑用四百万钱。起明道二年九月九日，讫庆历四年六月十九日。院成，明年十月十二日始为记。京兆慎东莱书。

# 越州赵公救灾记

宋·曾　巩

熙宁八年夏，吴越大旱。九月，资政殿大学士、右谏议大夫知越州赵公，前民之未饥，为书问属县：灾所被者几乡，民能自食者有几，当廪于官者几人，沟防构筑可僦民使治之者几所，库钱仓廪可发者几何，富人可募出粟者几家，僧道士食之羡粟书于籍者其几具存，使各书以对，而谨其备。

州县吏录民之孤老疾弱不能自食者二万一千九百余人以告。故事，岁廪穷人，当给粟三千石而止。公敛富人所输及僧道士食之羡者，得粟四万八千余石，佐其费。使自十月朔，人受粟日一升，幼小半之。忧其众相蹂也，使受粟者男女异日，而人受二日之食。忧其且流亡也，于城市郊野为给粟之所，凡五十有七，使各以便受之，而告以去其家者勿给。计官为不足用也，取吏之不在职而寓于境者，给其食而任以事。不能自食者，有是具也。能自食者，为之告富人，无得闭粜。又为之出官粟，得五万二千余石，平其价予民。为粜粟之所，凡十有八，使籴者自便，如受粟，又僦民完城四千一百丈，为工三万八千，计其佣与钱，又与粟再倍之。民取息钱者，告富人纵与之，而待熟，官为责其偿。弃男女者，使人得收养之。

明年春，大疫，为病坊，处疾病之无归者。募僧二人，属以视医药饮食，令无失所恃。凡死者，使在处随收瘗之。

法，廪穷人，尽三月当止，是岁尽五月而止。事有非便文者，公一以自任，不以累其属。有上请者，或便宜多辄行。公于此时，蚤夜惫心力不少懈，事细巨必躬亲。给病者药食，多出私钱。民不幸罹旱疫，得免于转死，虽死，得无失敛埋，皆公力也。

是时旱疫被于吴越，民饥馑疾厉，死者殆半，灾未有巨于此也。天子东向忧劳，州县推布上恩，人人尽其力。公所拊循，民尤以为得其依归。所以经营绥辑先后始终之际，委曲纤悉，无不备者。其施虽在越，其仁足以示天下；其事虽行于一时，其法足以传后。盖灾沴之行，治世不能使之无，而能为之备。民病而后图之，与夫先事而为计者，则有间矣；不习而有为，与夫素得之者，则有间矣。予故采于越，得公所推行，乐为之识其详，岂独以慰越人之思，将使吏之有志于民者，不幸而遇岁之灾，推公之所已试，其科条可不待顷而具，则公之泽岂小且近乎！

公元丰二年以大学士加太子少保致仕，家于衢。其直道正行在于朝廷、岂弟之实在于身者，此不著。著其荒政可师者，以为《越州赵公救灾记》云。

# 荆湖北路转运判官、尚书屯田郎中刘君墓志铭并序

宋·王安石

治平元年五月六日，荆湖北路转运判官、尚书屯田郎中刘君年五十四，以官卒，三年，卜十月某日，葬真州扬子县蜀冈，而子洙以武宁章望之状来求铭。噫，余故人也，为序而铭焉，序曰：

君讳牧，字先之，其先杭州临安县人。君曾大父讳彦琛，为吴越王将，有功，刺衢州，葬西安，于是刘氏又为西安人。当太宗时，尝求诸有功于吴越者录其后，而君大父讳仁祚辞以疾，及君父讳知礼又不仕，而乡人称为君子。后以君故，赠官至尚书职方郎中。君少则明敏，年十六，求举进士，不中，曰："有司岂枉我哉？"乃多买书，闭户治之。及再举，遂为举首。起家饶州军事推官，与州将争公事，为所挤，几不免。及后将范文正公至，君大喜曰："此吾师也。"遂以为师。文正公亦数称君，勉以学。君论议仁恕，急人之穷，于财物无所顾计，凡以慕文正公故也。弋阳富人为客所诬，将抵死，君得实以告。文正公未甚信，然以君故使吏杂治之。居数日，富人得不死，文正公由此愈知君，任以事。岁终，将举京官，君以让其同官有亲而老者，文正公为叹息许之。曰："吾不可以不成君之善。"及文正公安抚河东，乃始举君可治剧，于是君为兖州观察推官。又学《春秋》于孙复，与石介为友。州旱蝗，奏便宜十余事，其一事请通登、莱盐商，至今以为赖。改大理寺丞，知大名府馆陶县。中贵人随契丹使，往来多扰县，君视遇有理，人吏以无所苦。先是多盗，君用其党推逐，有发辄得，后遂无为盗者。诏集强壮，刺其手为义勇，多惶怖不知所为，欲走，君谕以诏意，为言利害，

皆就刺，欣然曰："刘君不吾欺也。"留守称其能，虽府事往往咨君计策。用举者通判广信军，以亲老不行，通判建州。当是时，今河阳宰相富公以枢密副使使河北，奏君掌机宜文字。保州兵士为乱，富公请君抚视。君自长垣乘驿至其城下，以三日，会富公罢出，君乃之建州。方并属县诸里，均其徭役，人大喜，而遭职方君丧以去。通判青州，又以母夫人丧罢。又通判庐州。朝廷弛茶榷，以君使江西，议均其税，盖期年而后反。客曰："平生闻君敏而敢为，今濡滞若此，何故也？"君笑曰："是固君之所能易也，而我则不能。且是役也，朝廷岂以为它，亦曰爱人而已。今不深知其利害而苟简以成之，君虽以吾为敏，而人必有不胜其弊者。"及奏事皆听，人果便之。除广南西路转运判官。于是修险厄，募丁壮，以减戍卒，徙仓便输，考摄官功次，绝其行赇。居二年，凡利害无所不兴废，乃移荆湖北路，至，逾月卒。家贫无以为丧，自棺椁诸物，皆荆南士人为具。君娶江氏，生五男二女。男曰洙、沂、汶，为进士。洙以君故，试将作监主簿，余尚幼。初君为范、富二公所知，一时士大夫争誉其才，君亦慨然自以当得意。已而屯亶流落，抑没于庸人之中。几老矣，乃稍出为世用。若将有以为也，而既死。此爱君者所为恨惜，然士之赫赫为世所愿者可睹矣。以君始终得丧相除，亦何负彼之有哉？铭曰：

嗟乎刘君，宜寿而显。何畜之久，而施之浅？虽或止之，亦或使之。唯其有命，故止于斯。

# 赵清献公神道碑

宋·苏　轼

故太子少师清献赵公既薨之三年，其子岏除丧来告于朝曰："先臣既葬，而墓隧之碑无名与文，无以昭示来世，敢以请。"天子曰："嘻，兹予先正，以惠术扰民如郑子产，以忠言摩上如晋叔向。"乃以爱直名其碑，而又命臣轼为之文。臣轼逮事仁宗皇帝。盖尝窃观天地之盛德，而窥日月之永光矣。未尝行也，而万事莫不毕举。未尝视也，而万物莫不毕见。非有他术也，善于用人而已。惟清献公擢自御史。是时将用谏官御史，必取天下第一流，非学术才行备具，为一世所高者不与。用之至重，故言行计从，有不十年而为近臣者；言不当，有不旋踵而黜者。是非明辨，而赏罚必信，故士居其官者少妄，而天子穆然无为，坐视其成，奸宄消亡，而忠良全安。此则清献公与其僚之功也。

公讳抃，字阅道。其先京兆奉天人。唐德宗世，植为岭南节度使。植生隐，为中书侍郎。隐生光逢、光裔，并掌内外制，皆为唐闻人。五代之乱，徙家于越。公则植之十世从孙也。曾祖讳昙，深州司户参军。祖讳湘，庐州庐江尉，始家于衢，遂为西安人。考讳亚才，广州南海主簿。公既贵，赠曾祖太子太保，妣陈氏安国太夫人；祖司徒，妣袁氏崇国太夫人，俞氏光国太夫人；考开府仪同三司，封荣国公，妣徐氏魏国太夫人，徐氏越国太夫人。

公少孤且贫，刻意力学，中景祐元年进士乙科。为武安军节度推官。民有伪造印者，吏皆以为当死，公独曰："造在赦前，而用在赦后。赦前不用，赦后不造，法皆不死。"遂以疑谳之，卒免死。一府皆服。阅岁，举监潭之粮料。岁满，改著作佐郎，知建州崇安县，徙通判宜州。卒有杀人当死者，方系狱，病痈未溃，公使医疗之，得不瘐死。会赦以免。公爱人之周，类如此。

未几，以越国丧，庐于墓，三年不宿于家。县榜其所居里为孝弟，处士孙处为作《孝子传》。终丧，起知泰州海陵，后知蜀州江原，还通判泗州。泗守昏不事事，监司欲罢遣之，公独左右其政，而晦其所以然，使若权不己出者。守得以善去。濠守以廪赐不如法，士卒谋欲为变，或以告，守恐怖，日未夕辄闭门不出。转运使徙公治濠。公至，从容如平日，濠以无事。

曾公亮为翰林学士，未识公，而以台官荐，召为殿中侍御史。弹劾不避权幸，京师号公铁面御史。其言常欲朝廷别白君子小人。以谓小人虽小过，当力排而绝之，后乃无患；君子不幸而有诖误，当保持爱惜，以成就其德。故言事虽切，而人不厌。

温成皇后方葬，始命参知政事刘沆监护其役，及沆为相，而领事如故。公论其当罢，以全国体。复言宰相陈执中不学无术，且多过失。章十二上，执中卒罢去。王拱辰奉使契丹，还，为宣徽使。公言拱辰平生所为，及奉使不如法事，命遂寝。复言枢密使王德用、翰林学士李淑不称职，皆罢去。是时邵必为开封推官，以前任常州失，入徒罪自举。遇赦而犹罢，监邵武酒税。吴充、鞠真卿发礼院吏代书事，吏以赎论，而充、真卿皆出知军。吕景初、马遵、吴中复弹奏梁适，适以罢相，而景初等随亦被逐。冯京言吴充、鞠真卿、刁约不当以无罪黜，而京亦夺修起居注。公皆力言其非是。必以复职知军，充、真卿、约、景初、遵皆召还京中，复皆许补故阙。先是吕溱出守徐，蔡襄守泉，吴奎守寿，韩绛守河阳。已而，欧阳修乞蔡，贾黯乞荆南。公即上言："近日正人贤士，纷纷引去，忧国之士为之寒心，侍从之贤，如修辈无几。今皆欲请郡者，以正色立朝，不能谄事权要，伤之者众耳。"修等由此不去，一时名臣赖之以安。仁宗晚岁不豫，而太子未定，中外恟惧。及上既康复，公请择宗室贤子弟，教育于宫中，封建任使，以示天下大本。已而求郡，得睦。睦岁为杭市羊，公为移文却之。民籍有茶税，而无茶地，公为奏蠲之，民至今称焉。

移充梓州路转运使，未几移益。两蜀地远而民弱，吏恣为不法，州郡以酒食相馈饷，衙前治厨，传破家相属也。公身帅以俭，不从者请以违制坐之，蜀风为之一变。穷城小邑，民或生而不识使者，公行部，无所不至，父老惊喜相慰，奸吏亦竦。

以右司谏召，论事不折如前。入内副都知邓保信，引退兵董吉以烧炼出入禁中，公言："汉文成、五利，唐普思、静能、李训、郑注，多依宦官以结主，假药术以市奸者也，其渐不可启。"宋庠为枢密使，选用武臣，多不如旧法，至有诉于上前者。公陈其不可。陈升之除枢密副使，公与唐介、吕诲、范师道同言升之交结宦官，进不以道，章二十余，上不省，即居家待罪。诏强起之，乃乞补外，二人皆相次去位，公与言者亦罢。

公得虔州，地远而民好讼，人谓公不乐。公欣然过家上冢而去。既至，遇吏民简易，严而不苛，悉召诸县令告之："为令当自任事，勿以事诿郡，苟事办而民悦，吾一无所问。"令皆喜，争尽力，虔事为少，狱以屡空。改修盐法，疏凿赣石，民赖其利。虔当二广之冲，行者常自虔易舟而北。公间取余材造舟，得百艘，移二广诸郡，曰："仕宦之家，有父兄没而不能归者，皆移文以遣，当具舟载之。"至者既悉授以舟，复量给公使物，归者相继于道。

朝廷闻公治有余力，召为御史杂事，不阅月，为度支副使。英宗即位，奉使契丹，还，未至，除天章阁待制、河北都转运使。时贾昌朝以使相判大名府。公欲按视府库，昌朝遣其属来告，曰："前此，监司未有按视吾事者，公虽欲举职，恐事有不应法，奈何？"公曰："舍大名，则列郡不服矣。"即往视之，昌朝初不悦也。前此有诏，募义勇，过期不足者，徒二年，州郡不时办，官吏当坐者八百余人。公被旨督其事，奏言："河朔频岁丰熟，故募不如数，请宽其罪，以俟农隙。"从之。坐者得免，而募亦随足。昌朝乃愧服曰："名不虚得矣。"

旋除龙图阁直学士，知成都。公以宽治蜀，蜀人安之。初，公为转运使，言："蜀人有以妖祀聚众为不法者，其首既死，其为从者宜特黥配。"及为成都，适有此狱，其人皆惧，意公必尽用法。公察其无它，曰："是特坐樽酒至此耳。"

刑其为首者，余皆释去。蜀人愈爱之。会荣諲除转运使，陛辞，上面谕曰："赵某为成都，中和之政也。"

神宗即位，召知谏院。故事，近臣自成都还，将大用，必更省府，不为谏官。大臣为言。上曰："用赵某为谏官，赖其言耳。苟欲用之，何伤！"及谢，上谓公："闻卿匹马入蜀，以一琴一龟自随，为政简易，亦称是耶？"公知上意，将用其言。即上疏，论吕诲、傅尧俞、范纯仁、吕大防、赵瞻、赵鼎、马默皆骨鲠敢言，久谴不复，无以慰缙绅之望。上纳其说。郭逵除签书枢密院事，公议不允。公力言之，即罢。

居三月，擢右谏议大夫，参知政事。感激思奋，面议政事，有不尽者，辄密启闻。上手诏嘉之，公与富弼、曾公亮、唐介同心辅政，率以公议为主。会王安石用事，议论不协，既而司马光辞枢密副使，台谏侍从，多以言事求去。公言："朝廷事有轻重，体有大小，财利于事为轻，而民心得失为重；青苗使者于体为小，而禁近耳目之臣用舍为大。今不罢财利而轻失民心，不罢青苗使者，而轻弃禁近耳目，去重而取轻，失大而得小，非宗庙社稷之福，臣恐天下自此不安矣。"言入，即求去，四上章，不许。熙宁三年四月，复五上章，除资政殿学士知杭州。公素号宽厚，杭之无赖子弟以此逆公，皆骈聚为恶。公知其意，择重犯者率黥配他州。恶党相帅遁去。

未几，徙青州。因其俗朴厚，临以清净。时山东旱蝗，青独多麦，蝗自淄齐来，及境遇风，退飞堕水而尽。

五年，成都以戍卒为忧。朝廷择遣大臣。为蜀人所爱信者，皆莫如公。遂以大学士知成都。然意公必辞，及见，上曰："近岁无自政府复往者，卿能为我行乎？"公曰："陛下有言即法也，岂顾有例哉！"上大喜，公乞以便宜行事，即日辞去。至蜀默为经略，而燕劳闲暇如他日。兵民晏然。一日坐堂上，有卒长在堂下，公好谕之曰："吾与汝年相若也，吾以一身入蜀，为天子抚一方；汝亦宜清慎畏戢以帅众，比戍还，得余资，持归为室家计可也。"人知公有善意，转相告语，莫敢复为非者。

剑州民李孝忠集众二百余人，私造符牌，度人为僧。或以谋逆告，狱具，公不畀法吏，以意决之。处孝忠以私造度牒，余皆不得死。喧传京师，谓公脱逆党。朝廷取具狱阅之，卒无以易也。茂州蕃部鹿明玉等，蜂聚境上，肆为剽掠。公亟遣部将帅兵讨之，夷人惊溃乞降，愿杀婢以盟。公使谕之曰："人不可用，用三牲可也。"使至，已縶婢引弓，奖射心取血，闻公命，欢呼以德。事讫，不杀一人。

居二岁，乞守东南为归老计。得越州。吴越大饥，民死者过半。公尽所以救荒之术，发廪劝分，而以家资先之，民乐从焉。生者得食，病者得药，死者得葬。下令修城，使民食其力。故越人虽饥而不怨。

复徙治杭。杭旱与越等，其民尤病。既而朝廷议，欲筑其城。公曰："民未可劳也。"罢之。钱氏纳国，未及百年，而坟庙堙圮。杭人哀之。公奏因其所在，岁度僧、道士一人，收其田租，为岁时献享营缮之费。从之，且改妙因院为表忠观。

公年未七十，告老于朝，不许，请之不已。元丰二年二月，加太子少保致仕。时年七十二矣。退居于衢，有溪石松竹之胜，东南高士多从之游。朝廷有事郊庙，再起公侍祠，不至。屼通判温州，从公游天台雁荡，吴越间荣之。屼代还得见，上顾问公甚厚，以屼提举浙东西常平，以便其养。屼复待公游杭。

始，公自杭致仕，杭人留公不得行。公曰："六年当复来。"至是适六岁矣。杭人德公，逆者如见父母。

以疾还衢，有大星陨焉。二日而公薨。实七年八月癸巳也。讣闻，天子辍视朝一日，赠太子少师。十二月乙酉葬于西安莲花山，谥曰"清献"。

公娶徐氏，东头供奉官度之女，封东平郡夫人，先公十年卒。子二人，长曰岏，终杭州於潜县令。次即屼也，今为尚书考功员外郎。公平生不治产业，嫁兄弟之女以十数，皆如己女。在官，为人嫁孤女二十余人。居乡，葬暴骨及贫无以敛且葬者，施棺给薪，不知其数。少育于长兄振，振既没，思报其德。将迁侍御史，乞不迁，以赠振大理评事。公为人，和易温厚，周旋曲密，谨绳墨，蹈规矩，与人言，如恐伤之。平生不畜声伎，晚岁习为养气安心之术，翛然有高举意。将薨，晨起如平时，屼侍侧，公与之诀，词色不乱，安坐而终。不知者以为无意于世也。然至论朝廷事，分别邪正，慨然不可夺。宰相韩琦尝称“赵公真世人标表”，盖以为不可及也。公为吏，诚心爱人，所至崇学校，礼师儒，民有可与与之，狱有可出出之。治虔与成都，尤为世所称道。神宗凡拟二郡守，必曰：“昔赵某治此，最得其术。”冯京相继守成都，事循其旧，亦曰：“赵公所为，不可改也。要之以惠利为本。”然至于治杭，诛锄强恶，奸民屏迹不敢犯。盖其学道，清心遇物，而应有过人者矣。

铭曰：萧望之为太傅，近古社稷臣，其为冯翊，民未有闻。黄霸为颍川，治行第一，其为丞相，名不迨昔。孰如清献公，无适不宜。邦之司直，民之父师。其在官守，不专于宽，时出猛政，严而不残。其在言责，不专于直。为国爱人，掩其疵疾。盖东郭顺子之清，孟献子之贤，郑子产之政，晋叔向之言，公兼而有之，不几于全乎！

# 赵清献公像赞

宋·苏 轼

志在伯夷,其清维圣。顽懦闻风,百世增敬。
若清献公,实嗣其正。处乎乡闾,力学笃行。
立乎朝端,面折廷诤。玉比其洁,冰拟其莹。
饫乎圣经,本乎天性。自初登第,讫乎还政。
毅然一节,始终惟令。我辱公爱,日相亲迩。
世有公像,如月在水。表而出之,后学仰止。

# 答毛滂书

宋·苏　轼

轼启：比日酷暑，不审起居何如？顷承示长笺及诗文一轴，日欲裁谢，因循至今，悚息，悚息！今时为文者至多，可喜者亦众。然求如足下闲暇自得、清美可口者实少也。敬佩厚赐，不敢独飨，当出之知者。世间唯名实不可欺。文章如金玉，各有定价，先后进相汲引，因其言以信于世，则有之矣。至其品目高下，盖付之众口，决非一夫所能抑扬。轼于黄鲁直、张文潜辈数子，特先识之耳。始诵其文，盖疑信者相半，久乃自定，翕然称之。轼岂能为之轻重哉？非独轼如此，虽向之前辈亦不过如此也。而况外物之进退，此在造物者，非轼事。辱见贶之重，不敢不尽。承不久出都，尚得一见否？

# 重修江郎书院记

宋·苏 辙

祝方叔重修江郎书院，院在江郎山峡间，山在江邑之南五十里，自山麓至书院里许，负山临壑，夹垲而幽宏。其北数百步曰塔峰，峰顶置塔，高出云外。其南曰虎跑泉，泉自石出，奔赴深壑。壑深千丈，泉上石壁挺立万仞，劈裂如削，即江郎石也。江郎之名，不知何昉。世传先有江氏者兄弟三人，习修炼之术，登山不返，遂化为石，此江郎所由名。噫！人而石，奇矣！人之躯不过八尺，而三石周环十里，高不可干，抑何巨也？要之，世俗好怪诞之言不可据，而奇岩怪石，邃谷深林，烟霞出没之间，每多为逸士高人之所托足，是则江氏昆季或亦隐处于斯焉者，而山以人名，未可知耳。至江郎之有书院，则自唐祭酒祝钦明月朗公始。月朗公非山林隐逸伦也，曷为而筑书院于此？原其故，则月朗之父东山实隐处兹山，月朗既仕，归省，乃造书院焉。是造书院者自朗，而月朗之所以造书院于此者则为东山也。东山之节甚峻，故乐山；东山之介甚坚，故乐石；东山之操甚清以洁，故乐泉。是其性情所钟，有深契焉。故月朗公就筑书院以娱之，月朗公其亦善养志欤？顾父隐而子仕，其行不同，何也？曰：士君子萧然外物，与世无求，自乐则然矣。而读书穷理，将期致用，则亦岂必曰于斯终老，竟罔化石者之无情？故其人而忘世也者，则江郎可也，何必书院？江郎而书院，其固其石隐伦也，何嫌乎月朗之仕哉！顾东山远矣，而方叔子则其后裔也。方叔之介节法东山，方叔之性情似东山，而方叔读书求志亦祖述夫东山。于何征？于重修江郎书院征之，然则方叔子其将为化石者耶？其亦将读书而有待也？因书之以俾方叔自考。书院之葺，在熙宁三年。记之者眉山苏辙也。

# 风流泉铭序

宋·周紫芝

石室酒出三衢，名倾浙右。辛未之秋，余得其法于衢人，后两月赴官江西，以授富水兵厨，使酿之。既成，取以酌客，无不喜者，以为深醇雅健，自是一种风流。永兴宰郭君元寿欲余命名，为此邦故事。余笑曰："当用坐客语，名以风流泉。"已而为之铭曰：

德恶刚暴，酒欲媚妩，伊何人斯，酿此秫黍。观其清醇，而近道温，厚而不武，则含浊醪之妙，而嗣元酒之古也。至于风流酝藉，盖张曲江之为人，而若饮醇酎，则与周公瑾而语也。维彼世人，喜饮酷烈，太白在手，转喉耳热，谓此君子，非我俦列。嗟嗟我友，妙韵胜绝，不险以巇，不隙其末，誓当忘言，以对玉雪。

# 徐忠壮传

宋·范 浚

徐徽言，字彦猷，衢之西安人。少为诸生，泛涉书传，负气豪举，有奇志大略，喜谈功名事。

宣和末，知石州，寻权守晋宁军。时金人大入，围攻太原，支兵障岚、石及濒河要厄处，绝我馈援。察访使张灏以徽言尝统河西军讨夏贼，为知名将，因奏使率兵掎虏，牵掣太原之围。徽言提选卒三千径进，一战大克，遂通岚、石以北。朝廷奇其功，就命知晋宁兼岚石路安抚使。

虏再入攻国都，陕西制置使范致虚纠合西诸侯兵赴难，檄徽言镇守河西。会诏分遣大臣，割两河地予虏以纾患，同知枢密院事聂昌出河东，为虏劫胁，割河西三州予夏人。晋宁民大恐曰："弃麟、府、丰，我将不得独全，奈何？"徽言晓告父老："第毋恐，此行人失使指耳。三州自河西地，藉令割弃事出诏意，犹当中覆，且建不可，况无尺一书耶！"寻闻朝命，自以麟、府、丰及晋宁俱隶陕西，徽言遂引兵复三州，并取岚、石等郡邑。

已而两京继覆，河东、河北名城剧镇往往陷没。徽言能固军，饬备杀甲，搜众田并塞地，储具饶衍。士告无衣，则潜兵夜绝河，斫栅袭虏，数得帛以济。又教戈船卒乘羊浑脱乱流度，掩虏不儆。虏日虞见袭，震悸不能军，乃增兵备克胡寨、吴堡津，用渠帅为九州都统，结垒对晋宁以相持。徽言出奇兵挑使战，擒之以归。虏众大惧，相谓曰："必是人也，为我患者。"于是以晋宁为忧。

建炎二年冬，虏自蒲津济，入夏阳、澄城，趣延安、绥德，延安帅委守去，绥德迎降，虏行无累，遂薄晋宁。先是徽言移府州，约折可求出师夹废虏，毋坐自困待祸至。可求以虏质其子，故与之通，虏挟可求招徽言城下。徽言视可求为外舍亲，乃登陴以大义谯数之，可求仰曰："君于我胡太无情？"徽言摄弓厉言曰："尔于国家不有情，我尚于尔何情？宁惟我无情，此矢尤无情。"一发中之，可求走，因出兵纵击，大败虏，遂斩娄宿孛堇之子。

当是时，河东环境为盗区，独晋宁屹然孤墉，横当张虏。势相百不亢，而徽言坚壁持久，抚靡疲伤，距御外攻，遣没人泅河，啸王民逃伏山谷者几万众。浮筏西渡，与虏鏖河上，大小数十战，战辄俘杀过当。晋宁地胜，号天下险，徽言广外城，东压河，下堑不测，谯堞雄固，备械甚设。命诸将画隅分守，敌至则自致死力其处，以劲兵往来为游援。

虏进攻，数偾负不得志，图之益急，为堙缭城、笮隍阵。晋宁俗不井饮，寄汲于河，虏驱降人载茭石、湮壅股流，城中水乏绝，资廪亦浸罄，铠仗亡弊，人人惴忧，知殒无日。徽言能得众心，奋枵饿残夷之余，裒折槊断刃，矢死固守。既久无援，自度不支，取硙机篋格，若凡守具，悉火之，曰："无以遗虏。"遣人挟液蜜书，傀道走东南，告其兄昌言曰："徽言孤国恩，死矣，兄其勉事圣君。"一夕内应者、系帛书飞笴上，阴约娄宿，启外郛纳虏兵。徽言拥帐下士，决命战门中，几百遇，所格杀甚众，左右死伤亦略尽，退婴牙城以守。虏攻不已，众蚁登，徽言坐堂上，慷慨语将士："我天子守土臣，义不见蔑贼手。"因拔佩刀自拟，左右号救持之急，不及刭。虏兵猥至，得挟徽言去，然尚惮其威不敢暴。

娄宿得徽言所亲，俾说徽言："盍具冠鞁见虏帅？"徽言叱曰："朝章觐君父礼，以入穹庐可乎？汝素厚我，且华人士类，而污左衽官，不即愧死，顾以为荣欲诧我，且为虏摇吻作说客耶！不亟去，吾力犹能搏杀汝。"娄宿就见徽言，语曰："二帝北去，尔其为谁守此？"徽言曰："吾为建炎天子守。"娄宿曰："我兵南矣，中原事未可知，何自苦为？"徽言怒答曰："吾恨不尸汝辈归见天子，将以死报太祖、太宗地下，庸知其他！"娄宿又出旁行伪制撼訹徽言曰："能小屈，当使尔世帅延安，举关陕地并有之。"徽言益怒，骂曰："吾荷国厚恩，死正吾所，此膝渠为虏屈耶？尔胡酋，当亲刃我，不可使余人见加。"娄宿举戟向之，觊其惧伏，徽言意象自若，披衽迎刃无小变。虏众知不可屈，遂射杀之。粘罕闻徽言死，怒娄宿曰：“尔粗狠，何专杀义人以逞尔私？”治其罪甚惨，娄宿亦自恨悔不已。

城围凡五月，徽言以建炎二年二月二十三日死，本道使者与宣抚使相次以闻，朝廷嗟悼，赠晋州观察使。明年，昌言具晋宁死事本末上之天子，加恩赐谥忠壮，再赠彰化军节度使。河西之人思徽言不忘，家绘其象，又庙祀之。

兰溪范浚曰：徽言死封疆，于祭法宜祀，其得所以易名者，以劝忠也。惟我国家受天命，臣万方，圣圣继承，仁涵泽濡，海内澹然，熙乂怡逸，垂二百载，民华颠不目金革。戎政垢玩，将驰弱不武，士卒堕冗耄聩，备数伍符，戈甲鹽蠹，城障夷陁。一旦外侮间亹，扬埃猾夏，皷行长驱，所向降陷。大都小邑，督帅偏裨，捐城跳身，望旗奔遁，或除馆具炊，以迟寇至，苟幸脱死，不畏不愧，不可指数。有如忘身殉国，伏节不挠，盖千万仅得一二可者焉。

至若忠规义概，魁垒奇杰，殆未有如徽言比者。方徽言力保晋宁，盖患虏鸱跱寰甸，日夜腐心疾首，欲疽其胁腋而溃亡之。及势蹙力穷，犹自厉作气，龂龂视虏，虽见执，耿介不少衰。彼非不知一屈首可偷活，且得大利，而劲节挺挺，之死不变其所存，岂偶然哉？予闻徽言与刘光世、束发雅故，光世为鄜延总管，被命援太原；次吴堡津，辄顿不进。徽言移书趣行，未听，又喻以太原危不守，旦暮望救，总管承诏赴急，不宜稽固，取方命罪；光世犹前却。徽言即露章劾其逗挠，封副予之，光世惶遽引道。

又河东人不忍虏侵虐甚，愁惋吟啸，企而望官军，觊得合击虏。徽言使人潜结汾晋间土豪，有能鸠兵收故地，即表功，随所复郡邑，世袭守长。使还，得首领千百人，众四十余万，条其事以闻，俟报可，即欲身率精甲，捣太原，径取雁门。留兵戍守，部聚所结土豪，并力图虏。且曰：“定全晋则形胜为我有，中原当指期平，投机一时，会不可失。”奏上，会诏徽言听鄜延王庶节制，议既格沮，兵不复出。

嗟乎！守晋宁而急太原，又将取全晋以规复中夏，此其意，岂特欲引岁月死孤垒以为名哉？而卒赍志以殁，义士所为悼叹者也。初，光禄卿范寅敷陷虏中，后自拔由河东以归；上书行在，述虏曲折，且言虏人称南朝善战能坚守，惟晋宁徐徽言、陕州李彦先二人。道中见汾晋人被驱至晋宁，攻城折北，创伤归者系踵也。

又盛称徽言数蹀血窘虏，缚九州都统，杀娄宿孛堇子。虏方益甲徐粟，期必拔晋宁，晋宁势孤，阽不可支。朝廷乃遣使抚喻河西诸郡，因诏徽言率所部诣行所。使者间关行、累月始达鄜延，而晋宁城陷，徽言殁久矣。呜呼，惜哉！

# 桥南书院记

宋·陆　游

吾友西安徐载叔，豪隽人也，博学善属文，所从皆知名士。方其少壮时，视功名富贵犹券内物，一第直浼我尔。然出游三十年，蹭蹬不偶，异时知己零落且尽。家赀本不薄，载叔常粪壤视之，权衡仰俯，算筹衡纵，一切不能知，惟日夜从事于尘编蠹简中，至食不足不问也。中年，卜居城中，号桥南书院。地僻而境胜，屋庳而人杰，清流美竹，秀木芳草，可玩而乐者不一而足。载叔高卧其中，裾不曳，刺不书，客之来者日益众。行者交迹，乘者结辙，诃殿者笼坊陌，虽公侯达官之门不能过也。名不可妄得，客不可强致，载叔盖有以得此于人矣。乃者数移书于予，请记所谓桥南书院者。

嗟乎！汉梁伯鸾入吴，赁舂于皋伯通庑下，至今吴有皋桥，盖以伯鸾所寓得名。载叔之贤，不减伯鸾，而桥南乃其居，则后世不埋没，决矣，尚何待记？然载叔之请不可终拒也。乃为之书。

嘉定元年夏六月庚寅，山阴陆某务观记。

# 衢州江山县学记

宋·朱 熹

建安熊可量为衢之江山尉，始至，以故事见于先圣先师之庙。视其屋皆坏漏弗支，而礼殿为尤甚，因问其学校之政，则废坠不修又已数十年矣。于是俯仰叹息，退而以告于其长汤君悦，请得任其事而一新焉。汤君以为然，予钱五万，曰："以是经其始。"熊君则遍以语于邑人之官学者，久之，乃得钱五十万。遂以今年正月癸丑始事，首作大成之殿，逾月讫功。栋宇崇丽，貌象显严，位序丹青，应图合礼。熊君既以复于其长，合群吏，率诸生而释菜焉。则又振其余财，以究厥事，列置门棘，扁以"奎文"，生师之舍，亦葺其旧。于是熊君乃复揖诸生而进之，使程其业，以相次第，官居廪食，弦诵以时。邑人有识者皆嗟叹之，以为尉本以逐捕盗贼为官，苟食焉而不旷其事，则亦足矣。庙学兴废，岂其课之所急哉！而熊君乃能及是，是其志与材为如何耶！

熹时适以事过邑，闻其言，则以语熊君曰："吾子之为是役，则善矣。而子之所以为教，则吾所不得而闻也。抑先圣之言有之：'古之学者为己，今之学者为人。'二者之分，实人材风俗盛衰厚薄之所系，而为教者不可以不审焉者也。顾予不足以议此，子之邑故有儒先曰徐公诚叟者，受业程氏之门人，学奥行高，讲道于家，弟子自远而至者常以百数，其去今未远也。吾意大山长谷之中，隘巷穷阎之下，必有独得其传而深藏不市者，为我访而问焉，则必有以审乎此，而知所以为教之方矣！"熊君谢曰："是则敬闻命矣，然此意也不可使是邑之人无传焉，愿卒请文，以识兹役而并列之。"熹不得而辞也，因悉记其事，且书其说如此，俾刻焉。既以励熊君，且以视其徒，又以告凡后之为师弟子而食于此者，使知所以自择云尔。淳熙三年秋七月丙辰新安朱熹记。

# 衢州江山县学景行堂记

宋·朱　熹

江山县学故有三贤堂，以祀正介先生周君颖、赠宣教郎徐君揆、逸平先生徐君存。而今知县事金华邵侯浩又益以故谏议大夫毛公注、赠朝请郎毛公?，且更其扁曰“景行之堂”而状其事，且为书来告曰愿有记也。

熹考其状，既知五君子之学行气节，真足以风厉当世而兴起后来，读其书，又叹邵候所以教其人者之备，而待其人者之远也。盖正介之行，信于乡而闻于朝，其立言垂训，褒善贬恶，又皆足以为后世法，虽其事业不得见于当年，然其所立，已不但为一乡之善士而已也。谏议遭时遇主，奋不顾身，排击巨奸，夺其政柄。当是时，天下庶几望至治焉，不幸不究其用而废绌以死，有志之士，至今恨之，然不特为公恨也。至于叔缜骂贼不屈，以明官守之义，宅卿捐躯虏营，以纡君父之急，其事尤难，其节尤伟。而逸平受业程氏之门人，得诸心，成诸行，又能推其说以教人，仪刑音旨之传，于今尤未远也。夫以区区百里之间，而其先贤之学行气节，可以风厉当世而兴起后来者如此，可谓盛矣。昔人之祠之也，其意岂不美哉？然得其三而遣其二，又限其目，而不使后人复有勉慕企及之思也，是则识者犹或病之。邵侯于此乃能增益而葺新之，且易其名，以致其俯焉孳孳之意，而撤其限以视，若有待于来者，是不亦教其人之备，而待其人之远乎？呜呼！是亦可书也已。

抑熹又尝窃有说焉。盖士有学有德，而后其言行有可观；有行有言，而后其节义有可贵。此士君子立身行道次第始卒之常，而不可易者也。然人之所禀不同，而其所遭亦异，故得于身者，或无以验其事；成于终者，或无以考其初。此论世尚友者，所以每恨全德之难，而欲择其所从者，又不免有多岐之惑也。然则登是堂而有志夫五君子之事者，又可不知其所务之先后而循序以求之哉？邵侯读《大学》之书，而有感于絜矩之一言，其平居论天下事而有所不平，未尝不慨然发愤而抵掌太息也。然则其于五君子者，固已非苟知之，而亦庶几得其所以求之之序矣。其为此举，夫岂偶然而已哉！因为之识其本末，而并记此意，以视其学者云。淳熙十有二年秋八月乙丑新安朱熹记。

# 乞将衢州义仓米粜济状

宋·朱 熹

照对衢州管下属县去岁旱伤，细民阙食，本州申朝廷，乞从条于有管常平义仓米取拨五万石出粜。去年十二月十六日札下本司，照条施行。今据本州申，淳熙七年旱伤，检放苗米四千余石，遂取拨义仓米及劝谕上户出助，并措置和籴，计五十余万石赈济赈粜，幸无流徙。后为去年秋旱，放苗米九千余石，比之七年一倍以上，兼以邻郡严、婺、徽、饶类皆旱歉，本州地居其中，大略相似，以此愈见艰得米谷，细民阙食。虽已劝谕及申尚书省，乞先拨义仓米五万石，仍一面开场，每升量减作二十文足赈粜。去后但缘连遭荒旱，民情嗷嗷，艰得钱物，深山穷谷僻远小民委是无钱籴米，乞行下，于所申取拨义仓米五万石内，支拨二万石应副赈济，免有流移饿殍之患。熹寻躬亲巡历，到衢州点检，见得本州逐县委是灾伤，多有饥民饿损，羸困阙食，合行救助赈济。及检准条令，义仓米专充赈给，不得它用，自合拨充赈济。熹除已逐急一面下本州，于申请取拨出粜常平义仓米五万石数内取拨一万石，委官措置，收拾赈济，其余四万石仍旧出粜外，欲望朝廷特赐札下衢州施行。已具申尚书省，乞指挥施行。

# 潜心室铭

宋·徐　存

天在为吾性，觉处强名心；是心本无放，放处即非心。欲识真心状，光明常在今；白日当空挂，何曾待汝寻。古人云放心，正指流情说；流情虽不害，解为人汩没。视听言动间，浮云遮白日；遮处断永世，冥冥若暗室。智者辨当早，觉从萌处别；先立乎其大，小者胡能夺？转眼动常省，临流刚且决，久久转光明，吾身骑日月。

# 入闽录(节录)

宋·吕祖谦

淳熙二年三月二十一日,早发婺州。二十五里,马海广教寺。三十里,汤塘,入衢州龙游县界。十五里,宿小龙游。是日阴,潘叔昌实偕行。

二十二日,十里,湖头。三十里,龙游县。三十五里,宿安仁。是日阴,时见日,晚雨。

二十三日,三十五里,衢州。谒汪尚书,遂馆于超化寺,哭婺卒舅,遍到外氏诸位,见曹守总,闻人伯卿、祝汝、昭汝玉、张孟远。是日早雨,辰后止,晚蒸溽。未至衢二十里,下道,数百步有石岩寺,岩颇敞,然气象庳陋。

二十四日,留超化。是日雨时作时止。见汪监税筑,舍人之子也。

二十五日,早发衢州,出通道门。三里,晋殷将军浩庙,塑像犹作书空状。四里,仁尖。二里,晋殷将军墓,墓在道左,无树林,上有小石屋;乡名庆墙,旧云殷墙,避讳易为庆,盖往者殷将军故宅墙垣犹存。九里,十八里市。八里,詹家桥。八里,柏灵桥。七里,后溪浮桥。一里,后溪市。二里,入江山县界,土俗:获稻留秆,余束为把藏之,饭甚有味,有以养之故也,自此至建皆然。二里,石龟山。五里,吉溪,溪桥颇长,有马驿。五里,平坦市。十五里,宿白肚,屋前溪渚甚胜。是日早雨辰止,时见日。

二十六日,五里,江山县。五里,烟萝洞,洞穴隘甚,乱石如羊马,其东岳庙庙后突星山与骑石山相望,皆奇峭。一里,东折入仙霞路。十里,清湖渡,渡旁丽坦,徐诚叟书院在焉,今为周氏居;渡溪即山观,略有水石。十里,三石山。四里,长台路口,路通处州。四里,檀町。七里,镇安都。十五里,江郎山,三峰拔起数百丈,中断如划,天下奇观也。山下灵石庙,庙庭老樟轮囷,度其围二丈八尺；过江下市游祝氏园，见其主人大举。四里，宿麦岭，自婺至此皆平土，过此以往重山复岭，渐类闽中。是日阴，夜大雨。

二十七日，五里，铁炉冈。五里，红桥渡。五里，长流。四里，三坑。五里，枫岭。十里，仙霞岭，磴道屈折数里，甚峻，左右皆童山，榛茅极目。五里，桑园岭。四里，梅岭，二岭间林壑颇胜。三里，砻溪，自此路皆并溪，时有佳处。三里，大千岭。六里，宿柳树，见福州潘进山子嘉。

# 跋孔从龙《洙泗言学》

宋·真德秀

昔南轩先生尝辑《洙泗言仁》一篇，发挥其义，使学者知所以为仁。今衢梁孔君又辑其言学者四十余章，章为之释，使学者知所以学。君以先圣之裔而研精先圣之书，其所发明有补学者。虽然《鲁论》二十篇，言仁与学盖亡几，玩而绎之，实无一语之非仁，亦无一语之非学也。姑以首篇言之：时习而说，朋来而乐，固学矣；孝弟以立本，巧令之鲜仁，非学乎？学在是仁，亦在是知乎？此而后为善读《论语》。

# 沉 籍 记

元·张 枢

江君名景房，字汉臣，衢州常山人也。世事吴越王，为镇海、镇东两镇节度使官属。吴越，唐季建国，有浙江东西十三州地，境狭而民庶，国俗奢靡僭逾。自武肃王时，好宫室、苑囿、池籞盛丽之观，珠玉、锦绣、雕刻之饰，内以奉贡贽中国，外聘问四邻，修邦交之好，崇浮图老子之宫。用既无艺，不足则取益于民。故其田赋、市租、山林、川泽、陂障之税，视他国为尤重。吴越之民皆困苦，不理其生。宋太平兴国初，王俶朝京师，吴越国除。景房以镇海军节度判官奉其国图籍以归于有司。

初，太祖既平诸国，皆因故籍以赋于民，而当时在事群臣，无能建请宽减者，由是定为令。景房素闻其事，欲去其籍以利其民，慨然叹曰："吴越民困久矣，使有司视其籍以悉其赋，是吴越之民重困无有已时也。吾宁以身任之。"遂沉其图籍于河，诣银台自劾所以失亡状。太宗大怒，将置之辟，而近臣多怜之为言者。帝意亦解，景房得不死。时吴越国官暨两浙官属皆得以名次铨序，独景房屏归田里以卒，坐失亡国籍故也。

朝廷既亡其籍，乃命王方贽永为两浙转运使，使差定其赋。钱氏时，田赋亩三斗，方贽至，更定赋法，亩一斗，其余杂赋苛敛，一切以便宜罢之。有吴越国计院吏诣方贽，自言十三州图籍虽亡，其赋税杂科之目历历可考而言也，请传至京师言状。方贽心患之，然未有以制之也。居数日，吏无病，一夕死。方贽毕使还朝，奏计登对。帝以擅减赋税责诮之。方贽顿首言曰："臣闻税亩一斗者，天下之通制也。其苛赋横敛，五代僭伪之乱制也。两浙之地，今既为王土矣，岂得复循钱氏之乱制哉！昔周世宗既平淮南，欲劳徕安辑其民，遣使行均田赋，税亩不过四升，淮南之民得免重征就宽政，莫不歌舞，周德至今人能言之。今两浙甫归版图，未洽德化，宜布昭惠利，使元元知德。”帝悦其言，著为令。两浙田亩一斗者本方贽所建，然其去籍则自景房始。其后方贽五子皆为显官，孙珪遂为宰相。人以为王氏阴德之报。

景房既以罪废，其子孙继起进士为大家，在宋时擢正科者七十八人，其由他科进与贡而不第者，不在此数。自出身得官至纡金紫曳银青者八十七人，其杂流者不在是数，而六世孙侍御跻、七世孙侍御溥尤显达。十世孙丞相万里及弟万顷，宋亡皆死节。然则天于江氏阴德之报也。

宋自高宗以后，依吴越人以国者七世，方贽一言而国家省赋，宋氏得民，而子孙赖之。信夫，仁人之言其利溥哉！方贽事具著《宋史会要》，其高显于后，而景房独以微不传，盖二人之事实相为始终，法当牵联得书。延祐中，予尝至其家，江氏裔孙焴以其家牒示予，知其世系繁衍盛大，实由镇海军判官始。比岁，予友太史黄君溍向予言所传闻景房事，与江氏谱无异辞，益信。君方执笔东观，他日书宋事，愿以一二存之，使后世君臣知与之为取，惠利及民者，天之所祐也。

# 孔氏家庙碑

元·胡　翰

先圣孔子生于鲁，实襄公之二十一年，至哀公十一年而薨。门人会葬，明年即其故宅为庙祀之，藏衣冠琴瑟车书庙中。汉高皇帝、世祖皇帝、明帝、章帝、安帝皆亲幸阙里，祠以太牢之礼。虽魏晋南北用兵，文帝黄初、武帝太始皆诏修庙祀，给洒埽、守卫，歴宋、齐、梁及拓跋魏、高齐之有国，遂缵承为令典方。是时天下未有庙也，至唐武德而后国子监有庙，至开元而后郡邑有庙，天下通祀之，而家庙则惟鲁存焉。乾封以还，车驾东巡者悉修汉故事。周太祖平兖州，以人主之尊，伸北面之拜，如弟子礼，情文崇极，徽号屡加。常以宗子一人袭封爵，四时飨祀，在宋曰衍圣公。靖康之难，衍圣公友端扈跸南渡，与其从父传俱家于衢，袭封如故，而庙祀阙焉。宝祐初，郡守孙子秀请于朝，始赐田五顷，建宫墙于郡东北菱湖之上，广至二百余楹，事具《庸斋》，赵汝腾记。后毁于寇，乃徙城南。宋亡，元氏改物，至元间，曲阜之宗子斩其后，以端友之孙洙当袭爵。降旨征之，洙入朝固让，特授国子祭酒，归守江南。庙祏、庙故书楼，其制非宝祐之旧，会兵革，益圮坏不治。己亥秋，王师取衢州，制以分省郎中姑孰王恺董郡军民事。公读书，通達治体，至即明法令，布恩信，与百姓更始谒拜庙庭，以为水木本原所系，不可无以示衢人，命有司葺而新之。告成之日，族之长者、少者衣服冠而趋，旅牲币于庭，敬共将事愿纪成丽牲之碑用侈公之赐，翰惟孔子之道，如天之高、地之厚、日月之明、四时之运，有不得而赞者，取其故实书之，以见诗书仁义之泽，罔有穷极。所以立生民之命、开太平之治者，帝王赖之，咸致尊礼，非他享祀可例由。春秋以来，传绪五十有三世，庙于鲁者，礼也，舍鲁而南者，宗子去国，以庙从焉，亦礼也。礼之所在，君子慎之，况其子若孙，人将曰：此圣人之后也，将以圣人望之，崇德象贤，异时太平，修复旧制，是宜有引无替。昔周有清庙，鲁有閟宫，至今歌咏不足使人想见盛德之美。翰虽不敏，敢缘古义，再拜而系之。诗曰：

奕奕新庙，有严考祀。谁其尸之，文宣孙子。缵绪鲁邦，世载厥美。作庙于南，会通之礼。皇祖在上，监无遐迩。大夫师长，百工庶士，保有天常，实受王祉。矧兹具瞻，俾就倾圮。显允王公，载振而起。聿来孙子，于时率履。弁舄裳衣，陟降庭阤。黍稷鱐脯，荐则有体。亦有旨酒，式燕以喜。盛德百世，表是南纪。匪南纪是表，鲁邦是启。惟圣是嗣，孙焉及子，言念伊始。

# 青霞洞天游记

元·胡　翰

道家所谓青霞洞天者，世名烂柯山，即晋王质观弈棋处，在今信安之兴贤里。余客信安颇久，非有吏事恒愿游，以乏同志不果。今年夏六月七日，龙泉章公三益来按郡，乃会诸生出城南门，舆行十里，至武坪。又数里，渡沙步溪。又出入篁筱中十余里，抵山之麓。有寺曰“宝岩”，观曰“仙集”，栋宇皆已剥陊。日午热甚，道士具茗，列坐久之，湫隘犹民家耳。道士除道，遂循观右拾级而上。飞梁横亘，通趾顶皆石，蜷如蝃蝀，其下划然可居。得地如坻者，东西深百余尺，广半之，巨木蔽空。公与诸生皆集飘风、泛木叶，虚徐漫衍，后先不绝，凉满襟袖，如坐碧云苍雪间。求昔人之遗刻，唐宋以来陆庶、钱顗、徐霖、游钧诸名辈往往可识，其他漫漶，虽欲识之，不可得。然惟庶碑最古。侍者行酒，酒数行已，余与客吴思道，旁缘石磴，登山之脊。出所坐梁石，上四顾，皆林阜溪流蛇行野中。东南诸峰矗立，苍翠晻谒，则紫薇也。最后，公亦挟一童登之，复坐纵谈。问道上故梅岩精舍所在，莫有知者。日且暮，怅然有怀。质与余皆东阳人，书石曰：阏逢执徐之岁，有晋樵者之里人胡翰入山，与客六人共饮，未醉辄去。翰记。

# 书白衢州

明·宋 濂

三衢沈君持正，来为乌伤文学掾。予谒之，持正盛称其守白侯之贤。

予问之曰："侯定科繇如何？"曰："衢为州，虽据东浙之上游，厥田惟下下，入赋以斛计，仅三万三千有余，豪有力者兼并，且善避役，役多在贫人。侯察其奸，令民自实田，以田定赋，一州服其平。""侯律己何如？"曰："侯清约甚，饮衢水外，一物不烦衢民。每旦徒行入府署，野夫不识，与争道，不问。庭有斗民，立为疏直枉，皆免冠叩头谢。长子自沔阳来，越旬即遣归。唯一童给侍朝夕；未几，亦遣。""侯驭吏若隶何如？"曰："吏抱案立左右，唯侯言是裁，不敢以意出入之。隶人数不逾九，凡冒隶名巡聚落以病人者，悉罢去。去年春，藩府以善治闻，天子嘉之，遣使赐束帛，衢人咸为侯荣。"

予问已，顾谓二三子曰："此南阳白景亮明甫也。明甫自征东行省译曹掾起家。四转而来为是州，甚有惠政。昔予闻兰溪吴德基言若此，今持正又盛称其贤，故予屡问之。持正言与德基同，则白侯之贤信已。使牧郡国者皆得如侯，则下民之瘼庶几其有瘳乎！"

# 乌石教寺跋

明·刘　釪

宋魏公张浚，清河人，绍兴名相也。武穆王岳飞，汤阴人，绍兴名将也。当高宗即位之初，宗社为金人所摧，郡县为群盗所挠，遑遑焉措身无地；及李纲防守粗立，尤为汪、黄所擯。乘舆播迁，间关吴越，危亦甚矣。惟魏公内总枢柄，武穆外握兵权，一时诸将用命，人心协从，赫然有中兴之望。未几，奸桧用事，一心和议，致使其君忘君父大仇，屈己臣敌。今乌石寺记魏公听颜师鼓琴而去，盖放连州过此，而武穆题木桌，则驭兵去江右日也。无几，武穆竟为桧害。魏公虽再起，势可有为，复为桧党汤思退诸人所沮，盖天不祚宋，然也。识者不归咎于高宗，而切齿于群奸焉。

窃尝论夫武穆，忠孝出于天性，自结发从戎，历数百战，其用兵百战百胜。魏公始终则以正人心、雪仇耻为本，其主议晚而益坚，虽天啬其功，使二公困于谗忌，厄于奸恶，不得以伸其冤就其志，然表著天心，扶持人纪，使天下晓然知人类之所以异于禽兽，中国之所以异于夷狄，虽百世之下，不可诬也。余读《宋史》，尝慕二公为人。成化丁亥春，提调学校过衢，获睹二公遗言，独能已于情耶？敬题其后，俾寺僧刻石焉。千载而下，痛建炎南渡故事，而慨仰于二公者，奚能无所感也耶？为之三叹流涕。

# 四贤祠记跋

明·文徵明

衢之常山新作四贤祠，祀宋赵忠简公鼎及范龙图冲、魏侍郎矼、翁寺丞蒙之。赵、范、魏皆葬常山，而范、魏又常为赵公所荐，翁则尉常山。而经纪赵公身后者，是宜同祀于一堂之上。按忠简解州人，范蜀人，魏和州历阳人，国史皆有传，然皆不著其所以居常之故。愚意建炎南渡，中原俶扰，衣冠奔迸。三公当时侍从扈驾而南，占数于此不可知也。绍兴抵今三百余年，詹子乃能搜访遗迹于荒烟野草之墟，贤有司表章于章尘消歇之后，岂不以忠贤过化，山川耀灵。居其地者固将假之以为重耶？闻秦桧墓在建康，穷碑无文，偃卧草莽。比岁，盗发其藏，尸棺狼藉。有司置而不问，乡人亦耻言之。呜呼，彼生其乡而人耻其事，此非土著而人将假重焉，则夫忠邪贤不肖何如也。

# 书栾惠卷庚辰

明·王守仁

栾子仁访予于虔，舟遇于新淦。嗟乎！子仁久别之怀，兹亦不足为慰乎？顾兹簿领纷沓之地，虽固道无不在，然非所以从容下上其议时也，子仁归矣。乞骸之疏已数上，行且得报。子仁其候我于梧江之浒，将与子盘桓于云门、若耶间有日也。闻子仁之居乡，尝以乡约善其族党，固亦仁者及物之心，然非子仁所汲汲。孔子云："言忠信，行笃敬，虽蛮貊之邦行矣。"然惟"立则见其参于前，在舆则见其倚于衡也，而后行"。子仁其务立参前倚衡之诚乎？至诚而不动者，未之有也；不诚未有能动者也。聊以是为子仁别去之赠。

# 明正德衢州孔氏家庙碑

明·方　豪

衍圣公孔端友，先圣嫡裔也，扈宋高宗南渡，因家于衢。初，以家庙权寓学宫，至孙宪使子秀乃请建于菱塘，袭爵奉祀靡缺。既而让爵于鲁，宗庙亦经燹。国朝太宗初年，迁于城南隅，即今旧庙也。

孝宗时，郡守沈杰疏乞以端友之裔曰彦绳者，官五经博士，奉四时庙祀，仍许世袭，今博士承美，其似也。承美以旧庙倾隘，而子姓日蕃，不能成礼，是惧请建于西安县学遗址。分守参议胡镇、分巡副使丁沂为请于巡按监察御史唐公凤仪，公慨然曰：先圣之道，衣被万世，宗嗣家庙，尤圣灵所眷注者，庙貌弗严，博士无居，缺典也。是诚在我。于时布政使何天衢、副使于鏊咨度既谐，提学佥事盛端明亦深赞之。公乃为请于朝。朝议韪之。公复躬诣其邦，乃出羡帑，乃役暇氓，乃相旧基，乃营新宇。于是同知陆钟、通判曾伦、知县刘佐、吴仲、王思明、侯正纲，胥罄厥力，而推官杨文升则专督者也。群材毕集，百工竞趣，肇于正德十五年十一月丙子，讫于明年夏四月辛亥。展奠有地，博士有居，斋宿牲庖，燕集弦诵之所，无弗备者。地位崇广，规制庄严，遐瞻阙里，实相辉映。斯文佥快，吾道益尊。承美念兹鸿绩，可使泯然？爰请予言勒石庙下，俾后之人曰：衢州之有孔氏，自端友始；衢州孔氏之有家庙，自孙宪使始；衢州家庙之有新庙，自唐监察始。顾弗盛欤？况菱塘之下，浮屠所遗。圣灵曷怿？维兹学宫，灵夙依焉，以地则得矣；城南之迁，恒祠弗若，圣胄曷容？维兹新庙，胄可依焉，以事则便矣。先监察鲜公冕，尝有是志，而未果行，岂有待于今日乎？时大明正德十五年，太岁庚辰冬十一月既望。

# 开复杨公河记

明·王 玑

吾衢当浙上游，号多佳山水，与闽、婺、括苍相望，山水之间，龟峰特起，而郡治据其冈，儒学依焉。南迎石室之水，其水发源括苍，经流至烂柯山下，昔贤堰其水入沟曰石室堰，分道灌注民田。至城南，逾魁星闸入濠，回绕城东南北为池，与西溪之水，四面交抱，共成城郭、沟池之固。溪纳江、常、开诸邑之水，北汇于浮石为潭，此衢水道之在郊外者然也。濠水南来，由水门入城凡二道：一自西南入，折而东过华丰、仙履诸桥；一入通仙门，右绕郡学与乌桥之水合。而东入治垣，北绕龟峰之麓，折而东南出，经宝坊刹北折过菱湖。北由水门出，亦二道；一由云山阁北，一绕县学西北，出与北濠之水汇溢而逾定水闸以灌注北郊民田。末流入石鼓潭，抵鸡鸣山，与石室堰水合而东下，以入于海。此衢郡内外之水合流之故道也。于时民物阜安，贤才辈出，岂非山水降神钟美，不偶然与？

历岁既久，东北之水道日就淤塞，西面虽存，仅足潴小，而民物贤才亦不复仵时之盛。弘治间，常有疏浚者，罔知寻东北故道，乃凿新桥渠，直达于定水，至今识者为憾。

嘉靖己未六月，安吾杨公以司徒郎中出守于兹，兴治补弊，百废俱修。明年庚申而政成，当道交疏其最于朝，欲大用公。公厉精治理愈笃，不以宦成少怠。尝于郡治前建上游名郡坊以壮一府之具瞻矣。兹达观郡中，乃曰，古司空辨土之物生，其在山林、川泽、丘陵、坟衍、原湿之民各以地异，则山水之关于民物贤才信有所自。东北无河流以为之津润，而西渠之水复直达以去，岂度地居民阴阳交会之意耶？于是以己之精意独见，肇举疏凿，始自新桥渠浚入龟峰之麓，自北徂东，复折而北，举数百年之淤塞，一旦开通，而与衢之故道不谋暗合，向之榷木坝椿，种种露见，其经费取诸轻罪之赎，无所敛于民财；其工役倚于雇募之佣，无所烦于民力；其甃砌拾之琢凿之余，无所借于民物。其旦夕襄公于相视之行，则少府文台薛公、别驾云田张公、节推钟山任公；其奉行于下，乐赞厥成，则西安尹俞君大有也。自八月经始至十月竣事。为渠者数百丈，为桥者若干所，父老子弟莫不扶携往观，自幸复睹数百年之故迹，而民物阜安，贤才挺出之望且断断焉。郡学之多师多士则以学之。西向既从新改，外溪水碓之当其前者，甫白于公，为之罢去，而新渠之水复自前而绕出于后，则是举也利于民者固博，其益于学也尤切，公之功不少也。相率请予言以贻不朽。夫公躬节俭无所纷华，而舍人皆布衣蔬食，常禄之外，一介无有所取。冰蘖之操，固以浚其源矣。诸有益于民，不惮勤劳，务为兴□，且剖析如流，五邑之赴诉者，皆相让而返。是又导其流也，其盛德大业固不止于浚渠一节。然蜀之凿离堆，魏之引漳水溉邺，惟供常职以灌田利农，犹得志于河渠，至今称之不已；公之浚疏，博之有利于民，切之有益于学，其过冰、豹之功远矣。河渠书将不有公之名也哉！

公讳准，字汝度，别号安吾，常之阳羡人也，癸丑进士。

# 龙游商人　衢州橘子

明·王士性

田土惟兰溪最踊贵，上田七八十金一亩者，次亦三四十，劣者亦十金，然所赋租，饶瘠颇不相远。龙游俗亦如之。龙游善贾，其所贾多明珠、翠羽、宝石、猫睛类较轻物，千金之货，只一人自赍京师，败絮、僧鞋、蒙茸、褴褛、假痈、巨疽、膏药皆宝珠，所藏人无知者。异哉，贾也。

衢州橘林，傍河十数里不绝，树下芰薙如抹，花香橘黄，每岁两度堪赏，舟楫过者乐之，如过丹阳桃林。

# 棠 棣 碑

## 在松江府，为徐日久、徐日曦兄弟立

明·董其昌

棠棣碑者，为郡司理西安徐公兄弟立也。以比贾敦颐、敦实故事云。公起家理金斗者二年，是时，军兴已亟，率以理官董饷事。会舒巢间乱民有掠粜之警，河上戍卒谋应之，莲妖余党伏莽伺息，势且叵测，公驱单车持檄谕之，不用甲而威伸。此以十万师为一吏任也。公再用赐环来松，平听之职，仁恕清简，四郡倚为福星。复捧檄视饷海上，时大侵之后，逃亡遍野，公受事仅四旬，如赤手搏龙蛇，办五万漕粟于咄嗟间，参平兑则约束军伍，募艘危洋，和粜邻境，成事甫告而蜚语随之。公不避劳怨，不辞谴责，悉心苍赤，而以升沉听之造物，以清议听之朝廷，迨民情达圣聪，俞攀辕卧辙之众，转而修尸祝俎豆之事矣，说者谓公挺直节于凶珰吐焰之时，力拯徐牧不难，拚身家殉。乃遭逢圣世，局蹐进退反不得自如。濡须之变，磨刃而斩乱丝，不动声色，淮网立赴，餫道如流。一弁摇唇，群黎几于失戴，岂国家培养臣节不如其动课吏干欤？抑如矢之直固应委蛇于有道之世也？海上诸君子曰：非也，公履虎余生，赖圣天子以再造，知臣莫若君，遗大投艰，历以盘错。汉之试萧望之也，宋之用，张齐贤也。率本斯术，公内召自此近矣。且不忆公兄鲁人日久字之莅海邑乎！与御史争漕便，竟以微谴去。去今二十载，威惠所贻，如同一日勋绩著于闽徼，建牙握节喁喁跂之，公家世谱即循传耳。史称夏侯夔为豫州，兄亶先经此任，并有恩惠，百姓歌之曰：前兄后弟，布政优优。又冯立与野王相代为西河上郡，民歌之曰：大冯君小冯君，兄弟继踵相因循，聪明贤智惠吏民。一门盛事，实千古佳话也。海壖偏小，何幸甘棠棣萼，前后相照，咏歌之不足，又从而畏垒焉。夫亦谓单父不掣肘，河内得安堵，圣主知人用人之明于是为不可及矣。贾家兄弟又何足夸哉！公名日曦，号硕庵，壬戌进士。

# 江郎山　浮盖山

明·徐霞客

闽游日记前（摘录）

崇祯改元戊辰之仲春，发兴为闽、广游。二十日始成行，三月十一日，抵江山之青湖，为入闽登陆道。十五里，出石门街，与江郎为面，如故人再晤。十五里，至峡口，已暮。又行十五里，宿于山坑。

十二日　二十里，登仙霞岭。三十五里，登丹枫岭，岭南即福建界。

闽游日记后（摘录）

庚午春漳州司理叔促赴署。余拟是年暂止游屐，而漳南之使络绎于道，叔祖念莪翁，高年冒暑，坐促于家，遂以七月十七日启行。二十一日至武林，二十四日渡钱唐，波平不縠，如履平地。二十八日至龙游，觅得青湖舟，去衢尚二十里，泊于樟树潭。

三十日　过江山，抵青湖，乃舍舟登陆。循溪觅胜，得石崖于北渚，崖临回澜，澄潭漱其址，隙缀茂树，石色青碧，森森有芙蓉出水态。僧结槛依之，颇觉幽胜。余踞坐石上，有刘对予者，一见如故，因为余言："江山北二十里，有左坑，岩石奇诡，探幽之屐，不可不一过。"余欣然返寓，已下午，不成行。

八月初一日　冒雨行三十里。一路望江郎片石，咫尺不可见。先拟登其下，比至路口，不果。越山坑岭，宿于宝安桥。

初二日　登仙霞，越小竿岭，近雾已收，惟远峰漫不可见。又十里，饭于二十八都。其地东南有浮盖山，跨浙、闽、江西三省，衢、处、信、宁四府之境，危峙仙霞、梨岭间，为诸峰冠。枫岭西垂，毕岭东障，梨岭则其南案也；怪石拏云，飞霞削翠，余每南过小竿，北逾梨岭，遥瞻丰采，辄为神往。既饭，兴不能遏，遍询登山道。一牧人言："由丹枫岭而上，为大道而远，由二十八都溪桥之左越岭，经白花岩上，道小而近。"余闻白花岩益喜，即迂道且趋之，况其近也！遂越桥南行数十步，即由左小路登岭。三里下岭，折而南，渡一溪，又三里，转入南坞，即浮盖山北麓村也；分溪错岭，竹木清幽，里号"金竹"云。度木桥，由业纸者篱门入，取小级而登。初皆田畦高叠，渐渐直跻危崖。又五里，大石磊落，棋置星罗，松竹与石争隙。已入胜地，竹深石转，中峙一庵，即白花岩也。僧指其后山绝顶，峦石甚奇。庵之右冈环转而左，为里山庵。由里山越高冈两重，转下山之阳，则大寺也。右有梨尖顶，左有石龙洞，前瞰梨岭，可俯而挟矣。余乃从其右二里，憩里山庵。里山至大寺约七里，路小而峻。先跻一冈，约二里，冈势北垂。越其东，坞下水皆东流，即浦城界，又南上一里，越一冈，循其左而上，是谓狮峰。雾重路塞，舍之。逾冈西下，复转南上，二里，又越一冈，其左亦可上狮峰，右即可登龙洞顶。乃南向直下，约二里，抵大寺。石痕竹影，白花岩正得其具体，而峰峦环列，此真独胜。雨阻寺中者两日。

初四日　冒雨为龙洞游。同导僧砍木通道，攀乱碛而上。雾滃棘铦，苇石笼崖，狞恶如奇鬼。穿簇透峡，窈窕者，益之诡而藏其险，屼嵲者，益之险而敛其高。如是二里，树底峭崿攀踞其内，右有夹壁，离立仅尺，上不如一，似所谓"一线天"者，不知其即通顶所由也。乃爇火篝灯，匍匐入一罅，罅夹立而高，亦如外之一线天，第外则顶开而明，此则上合而暗。初入，其合处犹通窍一二，深入则全黑矣。其下水流沙底，濡足而平。中道有片石，如舌上吐，直竖夹中，高仅三尺，两旁贴于洞壁。洞既束肩，石复当胸，无可攀践，逾之甚艰。再入，两壁愈夹，肩不能容，侧身而进。又有石片如前，阻其隘口，高更倍之。余不能登，导僧援之。既登，僧复不能下，脱衣宛转久之，乃下。余犹侧伫石上，亦脱衣奋力，僧从石下掖之，遂得入，其内壁少舒，可平肩，水较泓深，所称"龙池"也。仰睇其上，高不见顶，而石龙从夹壁尽处悬崖直下。洞中石色皆赭黄，而此石独白，石理[illegible]砺成鳞甲，遂以“龙”神之。挑灯遍瞩而出。石隘处上逼下碍，入时自上悬身而坠，其势犹顺，出则自下侧身以透，胸与背既贴切于两壁，而膝复不能屈伸，石质刺肤，前后莫可悬接：每度一人，急之愈固，几恐其与石为一也。既出，欢若更生。而岚气忽澄，登霄在望。由明峡前行，芟莽开荆，不半里，又得一洞。洞皆大石层叠，如重楼复阁，其中燥爽明透。徘徊久之，复上跻重崖，二里，登绝顶，为浮盖最高处。踞石而坐，西北雾顿开，下视金竹里以东，崩坑坠谷，层层如碧玉轻绡，远近万状，惟顶以南，尚郁伏未出。循西岭而下，乃知此峰为浮盖最东。由此而西，婉蜒数峰，再伏再起，极于叠石庵，乃为西隅，再下为白花岩矣。既连越二峰，即里山趋寺之第三冈也。时余每过一峰，辄一峰开霁，西峰诸石，俱各为披露；西峰尽，又越两峰，峰俱有石层叠。又一峰南向居中，前耸二石，一斜而尖，是名“梨头尖石”。二石高数十丈，堪为江郎支庶，而下俱浮缀叠石数块，承以石盘，如坐嵌空处，俱可徙倚。此峰南下一支，石多嶙峋，所称“双笋石人”，攒列寺右者，皆其派也。峰后散为五峰，回环离立，中藏一坪，可庐，亦高峰所罕得者。又西越两峰，为浮盖中顶，皆盘石累叠而成，下者为盘，上者为盖，或数石共肩一石，或一石覆平列数石，上下俱成叠台双阙，“浮盖仙坛”，洵不诬称矣。其石高削无级，不便攀跻。登其巅，群峰尽出。山顶之石，四旁有苔，如发下垂，嫩绿浮烟，娟然可爱。西望叠石、石仙诸胜，尚隔三四峰，而日已过午，遂还饭寺中。别之南下，十里，即大道，已在梨岭之麓。登岭，过九牧，宿渔梁下街。

浙游日记（摘录）

十二日　平明发舟。二十里，溪之南为青草坑。其地属汤溪。时日已中，水涸舟重，咫尺不前。又十五里，至裘家堰，舟人觅剥舟同泊焉。是夜微雨，东风颇厉。

十三日　天明云气复开，舟人起布一舱付剥舟，风已转利。二十里至胡镇，又二十里至龙游，日才下午，候换剥舟，遂泊。

十四日　天明，诸附舟者以舟行迟滞，俱索舟价登陆去。舟轻且宽，虽迟，不以为恨也。早雾既收，远山四辟，但风稍转逆，不能驱帆上碛耳。四十五里，安仁。为龙游、西安界。又十里，泊于杨村。去衢州尚二十五里。是日共行五十五里，追及先行舟同泊，始知迟者不独此舟也。江清月皎，水天一空，觉此时万虑俱净，一身与村树人烟俱镕，彻成水晶一块，直是肤里无间，渣滓不留，满前皆飞跃也。

十五日　昧爽，连上二滩，援师既撤，货舟涌下，而沙港涩隘，上下捱挤，前苦舟少，兹苦舟多，行路之难如此！十里，过樟树潭，至鸡鸣山，轻帆溯流，十五里，至衢州，将及午矣。过浮桥，又南三里，遂西入常山溪口，风正帆悬。又二里，过花椒山，两岸橘绿枫丹，令人应接不暇。又十里，转而北行，又五里，为黄埠街。橘奴千树，筐篚满家，市橘之舟，鳞次河下。余甫登买橘舟，贪风利，复挂帆而西。五里，日没，乘月十里，泊于沟溪滩之上。其西即为常山界。

十六日　旭月鲜朗，东风愈急。晨起，过焦堰，山回溪转，已在常山境上。盖西安多橘，常山多山；西安草木明艳，常山则山树黯然矣，溯流四十五里，过午抵常山，风帆之力也。登岸觅夫，于东门径城里许，出西门。十里，辛家铺，山径萧条，无一民舍，又五里，得荒舍数家，日已西沉，恐前无宿处，遂止其间。地名十五里。

江右游日记（摘录）

十月十七日　鸡鸣起饭，再鸣而行。五里，蒋莲铺，月色皎甚，转而南行，山势复簇，始有村居。又五里，白石湾，晓日甫升。又五里，白石铺，仍转西行。又七里，草萍公馆（为常山、玉山两县界），昔有驿，今已革矣。又西三里，即南龙北度之脊也。其脉南自江山县廿七都之小竿岭，西转江西永丰东界，迤逦至此，南北俱圆峙一峰，而度处伏而不高，亦束而不阔，脊西即有一涧南流，下流已入鄱阳矣。涧西累石为门，南北俱属于山，是为东西分界。又十里，为古城铺，转而南行，渐出山矣。又五里，为金鸡洞岭，仍转而西，又五里，山塘铺，山遂大豁。又十里，东津桥，石梁高跨溪上，其水自北南流，其山高耸，若负扆然，在玉山县北三十里外。盖自草萍北度，即西峙此山，一名大岭，一名三清山。山之阴即为饶之德兴，东北即为徽之婺源，东即为衢之开化、常山，盖浙、直、豫章三面之水，俱于此分焉。余昔从墈埠出裘里，乃取道其东南谷中者也。

# 衢州重修孔氏家庙碑

清·李之芳

自唐开元后，郡邑皆立孔子庙。有司岁时奉祠，至于今不废。而为孔氏之家庙者，遍行天下，惟曲阜与衢州耳。曲阜之庙，六飞时巡，恒循汉世祖明宗故事。而宗子之顾祀者，爵列公侯，庙堂、车服、礼器多存古制。瞻仰于斯者，咸肃然如游三代之世尚矣。衢之有庙，肇自宋建炎中衍圣公端友从高宗南渡家于衢。绍兴间，赐田五顷以奉祠事。宝祐初，郡守孙子秀请于朝，始建庙于郡东北菱湖之上。后毁于兵火，乃徙城南。明永乐初，始建崇文坊，即今地也。数百年来，东南之士不克重趼裹粮以登洙泗堂者，俎豆羹墙，于焉是寄。今皇帝御极之十三年，滇池弗靖，闽继起。之芳与大师驻军兹城，昼巡壁垒，夜算军书。每介马驰驱，秉烛待旦。瞻望宫墙，弗遑展肃。而羽林神策、郡国材官、骑士以及挑刀走戟之徒，就我戎索者，十万之众辐集城中。则我先圣之秘宫，间于戈铤，亦靡获宁晏。如是者有年。四方既平，百废渐举，爰进庶司，以商妥侑。于是，圣裔五经博士衍桢广为募助，自抚军暨藩臬以下咸有捐资。庀材鸠工，久未克就，爰命郡丞杨道泰董其役。岁惟先圣之道，如日月之在天。其于庙貌之盛衰，固自无与，非如浮屠、老子之宫，崇侈像设以震耀人之心目者也。然闻古之为政者，台榭观游，皆为高明游息之所寓。而邮传道路之整，驰入其境者，觇治忽焉。矧奕奕寝庙先圣之所凭依者乎？天子方崇儒重道，幽赞微言，以昭示海内，其于移风易俗，媲隆往古。之芳忝师帅之职，保此海邦，凡所以崇祀树风，敬教劝学，愿偕百尔君子，罔或弗敦。而鸟革翚飞式表观瞻者，宜于兹始。且之芳生爽鸠氏之墟，去邹鲁不远。登斯堂也，琴瑟管弦之声慨乎闻而僾乎见也。使浙之士民观感熏陶，将见风俗淳美为天下先，庸非肇允于兹日，则升堂睹奥者，宁必陟龟蒙而臻阙里哉。

康熙二十一年岁在壬戌季冬月吉旦日立

# 樟　树　记

清·戴名世

樟树滩违衢州二十里，岸有大樟树，故以名滩。余以二月初十日晚泊滩上，欲登岸往观之，会天雨，道湿不可行。已而雨歇，月朦胧欲出，轻云蔽之。余与同舟六七人，呼从者秉炬上。居人缭其干以垣，枝叶皆扶疏垂垣外。余辈先入门，视其干，高数丈，分数枝，四面横斜而下。余辈手相牵环抱这，凡六人乃周；更上一二尺，则更大矣。其枝干披离甚古，往往出人意外。顶甚平，可列坐十余人，非梯不能上也。秉炬照之，但见轇轕轮囷蜿蜒攫拿，若龙相斗。枝之出于垣外者皆成干，大数十围，类自为一树，不属于干者。然其文理皆成龙形，腾挪宛转，若龙之升于天。自垣内视之，则系干之别枝，若虹之垂地，首尾无端不可测。居人以为神，祠而祀之。

呜呼！樟本名材，而其托根也大，其植基也固，含日月之精，受雨露之润，多历年所，遂魁然独出其奇于人间。而彼榆栎之属，卷曲痈肿，不材而离立于其旁，何为也哉！

# 仙霞岭图说

清·沈德潜

浙为东南屏蔽，衢又为浙之重镇，而仙霞岭又为衢州一府之扼要地也。岭在江山县南百里，为级三百六十，为曲二十有八，长二十里，重崖峭壁，因势成关，实为南服之险云。连仙霞之岭六，曰窑，曰茶，曰大竿，曰小竿，曰梨，曰枫。过枫岭，分浙、闽两省界。连仙霞之关五，曰安民，曰六石，曰黄坞，曰木城，曰二渡，为江右广信、永丰界。六岭五关，并在百里之内，而语险绝者，必以仙霞为冠。浙之有仙霞，犹蜀之有剑阁也。宋建炎、绍兴间，诸将多转战于仙霞南北。史浩帅闽，甃以石路。本朝康熙十三年，逆藩梗化，鸱张豕突，谋出仙霞，制府李文襄公之芳，秉受庙谟，置兵险隘，后设伏捣虚，歼厥渠魁，由守我之险，遏彼之势，乘其弊而殪之也。“坎”之《彖辞》云：“王公设险，以守其国。”得人以守之，据有形之险，布有孚之德，故往而有功。圣人所重，固在地利人和哉！

# 康熙重修府志序

清·金玉衡

自来疆索之远，无过今日。圣天子神圣慈仁，不待考图数贡而睿思广阔，常周浃于寰宇之内，即今职方所掌，一统有志，皇舆有考。又敕史氏裒采天下水陆道里袤延，将汇为成书，以钩核其实。伏惟九重宵旰之勤，其加意于舆经地牒者，若是乎其重且详也。

衢之为郡，居全浙上游，所襟带、所控引，势常及于千里而远，其间山川之秀，产殖之饶，文献之所留遗，真灵之所窟宅，夙号为东南名胜之壤，而顾或载纪不存，编纂失次，吏斯土者，其何以周知险易疾苦，而仰称圣朝同文同轨之盛治乎！衡服官三十年，所至必征其旁近郡邑之志，箧而藏之，以备览索。既迁东浙，问志于衢，掾胥以旧志进，则几漶漫不可卒读。盖自季明迄今，皆因循故册，以作羔雁之具文，莫有能起而整辑之者。以故近时之政事因革，人物盛衰，皆阙然莫考；又其文不雅驯，每条以数骈语缀其前，而干义无取，志体又不宜尔。余为慨然兴叹者久之。

己丑岁腊，余奉檄摄守来衢，适前守武进杨君已有重修府志之役，将次竣功，而属余以未竟之绪。余得而阅之，其排次条目，援据旧闻，决择颇能简核，而鼎建以来，中间更历寇乱，渐次荡除，复生息休养数十年之事迹，亦约略可观。虽于古史材之文笔持论，未知何如。第较之故册所云，则已赫然改观矣。余正嘉杨君之能勤是役，而又自幸得襄成事以列名其间，爰为校勘数过，鸠资趣工，俾速断手，而衢于是乎有完志云。余又窃惟衢虽望郡，民俗如今日不可谓不庶且饶，然于上下之间多有难为焉。子不云乎，君子学道则爱人，小人学道则易使也。今衢之生徒，另列户版，而兴讼逋粮之习，时出其中；民之犷而黠者，亦辄相倚依，以捍文网。其隶胥类不土著，率骩骳，如一不中使令，彼视长吏如置弈棋然，休戚不一关其虑，欲诲而化之，盖綦难也。又曩时荒逋之后，按亩加额，土缩而税浮，良户不胜其累，而积荒弥望，有力者恣意占垦，动成阡陌，曾无毫毛之入以佐正供，此积困之在民者，而常山开化为甚。山源深窅，林箐险密，有靛麻纸铁之利，为江闽流户篷罗踞者，在在而满，或蜂飞而集，或兽骇而散，丛奸府患，不可爬梳，此隐忧之在上者，而西安、龙游为急。是皆关志体之至大，而势不可以须臾。苟读志而弗留意于是，弗有以区画之，则志完无庸也。

余摄事日浅，无能为衢郡计久远之利害，然蒿目怵心，不敢遽默尔以去。故因序郡志而附陈之于简末。以俟后之领是邦者。康熙岁在庚寅闰七月上浣，诰授奉政大夫台州府清军驿传海防总捕同知加三级署衢州府事金玉衡撰。

# 清嘉庆改筑石室堰新渠记

清・费双元

信安石室堰，南宋时张少卿所建。荫田二万三千余亩，利赖甚溥。第溪流发源闽、处二界，春夏间山水洊至，滩涨靡常。历年既多，形势顿异。嘉庆七、八两年，叠遭旱暵。承水之口日高，蓄水之堤益远，非改弦而更张之，不足以济时变。

邑中绅耆叶君正踦、胡君盱俊等，拟于上游另辟进水新渠，共推明经刘君宏衍熟悉水利，刘君亦果于自任，众绅士随于九年夏，具呈盱请各宪改作；而附近居民狃于旧章，尚存观望。赖郡伯那公明察，谓水性自上而下其势顺，自下而上其势逆，胶柱而不酌时宜，于农事奚补？爰饬邑侯刘公协同少尉李公亟筹所以通变之法。于旧堰三里外响谷岩下，偕众绅相度地形，见溪流汇聚处有顽石为底，平旷若堂者，佥谋从此引水入沟，颇有高屋建瓴之势，其议始定。惟是堰口既改，堰沟亦难仍旧。中间有田二塍，正当筑渠要路，田属吴张二姓，连年构讼未结，感阖邑义举，两造咸弃勿有，渠因得成。

是役也，经始于嘉庆甲子十月至乙丑三月讫工。为高二丈八尺，阔四丈有奇，长八百六十余丈；两旁砖石层砌完固，并为张公创建新庙一所，以备春秋祭享。共需钱二千四百五十余缗，均承水业户踊跃争输，故能鼛鼓不烦，而从容蒇事如此。下而三涧滩，更以余力浚之，旁及石坑坝，复加坦水护之。且泉流环绕郡治，则文运日新，挹注内河，则风檐无警；又不特耕夫野老乐润泽，而庆丰年已也。负廓晚禾较多，邑侯刘公详定于九月启堰。堰长堰夫悉遵前尹陈沧洲公所定，人咸称便。于焉问诸水滨，永无旱涝之虞，少卿遗泽，直与石室长留，而郡伯邑侯明德之远，弥使人歌咏于弗衰已。襄其勤者，岐凤周君、圣畿叶君、传纲孔君、其骧冯君、继先孔君，元亦参末议焉。爰志其颠末于石，大清嘉庆十一岁次戊寅三月上浣谷旦。

# 林则徐日记·过衢州

清·林则徐

道光七年三月八日，癸未。□□饭罢行，遇骤雨一阵，即开霁。过小竿岭、□□岭、仙霞岭，诣关圣前求签。签云：“一生心事向谁论，十八滩头说与君。世事尽随流水去，功名富贵等浮云。”□□□□小坐。又过窑岭。申刻，至峡口住。

九日，甲申。晴。天气甚暖。黎明行，过苏岭，入关帝庙，见牡丹、山茶俱盛开。稍坐复行，沿山杂花烂然，深红浅绛，间以紫白。田中大麦结穗，长于燕尾。小麦轻花始扬，色含浅绿。菜花则浓如金屑，叠花被陇，其芳袭人。自出门来，今日气候最佳。询之土人，云：“去年本属丰稔，春来旸雨应时，米价平减。”甚可喜也。过江郎街，江山令杨绍霆，云南人，壬午进士。遣人来此具膳，而余已自设食矣。略坐即前进，见三片石甚明秀。午过石门街，轿杆忽折断，适有舁空舆往江山县者，倩其舁至清湖，日尚未西，在周公和行小坐。此地水势颇大，有茭白舡从杭州到此，遂与买棹赴杭，不必先坐鸬鸟舷，较为省事。候行李到齐，即登舟开行，顺流而驶，瞬息已达江山县矣。杨明府来舟次相晤，即别去。又行五里，为时已晚，泊较场头。计是日陆行五十里，水行二十里。

十日，乙酉。晴。行十余里，忽东北风大作，顶逆难行，因泊于大溪滩之浮桥。亥刻清明，骤雨数阵，霹雳甚震，舟虽繫缆，而荡漾不定，篷窗皆漏。是日风色太暴，恐麦穗、菜花均不免吹损矣。

十一日，丙戌。阴。东北风仍大，天气变寒，溪水盛发，顺流行舟，尚不迟滞。未刻过衢州府城，未泊。西安令戴同年葆莹赴乡相验，遣人来迓，曾镇军大观亦差弁来。晚泊鸡鸣山下。

十二日,丁亥。雨。早发,溪涨愈大。巳刻过龙游,署令沈君逢恩,福州人。来见,即别去,未泊舟。晡时到兰溪,孙大令岩来谈,至上灯后始去,即遣人往答之。开舟里许仍泊。

# 周宣灵王大庙碑记

清·林　启

光绪十九年冬，奉命守衢。入境，见周宣灵王庙行宫，街衢殆遍，心窃异之。春秋祭日，吏具仪注，请致瓣香并举大庙，月躯庄词以告。疑为近惑民诬世，未遑究厥所自。越二年冬杪，都人将有事于庙，请余作记。具王之为神始末，暨历朝封典甚悉，始恍然于王之享祀不忒于诚孝，是以俎豆馨香于今为烈也。按王周姓，讳雄，字仲伟，杭之新城渌渚人，世业儒。母汪梦龙浴金盆诞，时宋淳熙戊申三月四日也。童稚孝闻闾里，长状貌魁梧，乡人咸敬惮焉。嘉定四年辛未汪病，晨夕吁天，请以身代。时传言微婺有显神，汪促往祷。旋次衢之双港，闻母讣，一恸而绝，年才二十有四。衢之衍圣公孔文远相与有素，感其孝，殓其躯以殡，建宇祀之，颜为宋孝子祠。由是，新城、祁门先后置祠以祀，水旱疠疫，祷应如响，江以南群焉神之。而衢处浙上游，至杭水道六百余里，浪急涛奔。风潮险恶之时，返危为安，屡显灵迹。国朝雍正三年，因有敕封“运德海潮王”，从祀海潮神祠之命。道光二年，浙抚以新城旱潦，有祷辄应，复奏请加封“显佑”，春秋官祭。他如茅山剿判，常山御寇，或显示神灵，或隐加庇护。历时由宋而元而明之久；膺封由将军而侯而王之尊，焜煌志乘。事迹昭然而尤著灵异者，则咸丰八年发逆围剿衢时，孤军难守濒陷者再。忽贼中哗言，夜见火光接天，绕郭旗帜书作“周”字，惊而宵遁，城以获完。世代递迁，将及千年，独能以贞固之气，为斯民御灾捍患。一若在天灵爽，无乎不在，是非诚孝得乎天地之正，而即可以长存天地间者，安能若此？此即遍其祀于寰中，使斯民咸感动其忠孝之真，而家尸户祝亦不为过。矧衢为成神之地，大庙又始祀之基乎？新其坊表，焕其观瞻，纪盛立碑，昭兹来许宜矣。祀孝子全受全归，至谓月躯犹在，类彼教佛骨诬妄之说，余不敢信。且孔氏家谱云：为像以祀。明嘉靖时李公撰孝子记，亦以挽其柩为辞。就两说以论断之，当得其实矣。铭曰：

懿矣惟王，遐哉孝子。肇祀于兹，由来旧矣。自宋迄明，游陟为王。逮我皇朝，秩祀尤彰。雍雍王宫，肃肃王朝。屹立柯山，降康降阜。报功崇德，日盛月新。愿溥鸿庥，永庇斯民。

赐进士出身翰林院编修国史馆协修、前陕西学政掌贵州道监察御史调署杭州府正任衢州府知府侯官林启敬撰

# 清光绪重修衢州府学碑记

清·郑永禧

学校者，人才之所出也。制科之法敝，学者靡靡，习浮华，昧实践，徒以文章为沽名之具，岂不与先王学校造士之初期大相刺谬哉！虽然，世道视乎人心，窃闻故志流传，三衢人士力学崇儒，恂恂自守，多以朴茂渊雅称。盖礼教所渐，蒸为风俗有由然也。

溯自宋景祐间始建学宫，嗣后紫阳来衢发明伊洛之理，徐、柴、江、邹接踵而起，洎乎有明，丰城李公遂来守是邦，相土于龟峰之右，改向而西，又折而南，而郡学之基础乃定。李公，盖讲姚江之学者也。抱知行合一之旨，为多士式。维时乡先达王在庵提唱于前，叶敬君、方孟旋相应于后，由是士风一变，翕然崇实而黜浮，号称邹鲁。迄今三百年于兹矣。昭代龙兴，尊儒重道，于春秋释奠外，每届岁科试，学使案临，进诸生，而于是乎习礼，洵盛典也。乃者朝廷变法维新，罢科举而开学校，亦光复三代庠序党塾之遗制焉耳。事若两歧，义仍一致，要之大圣人之道，炳炳如日星河岳，千古莫能变也。昧者不察，反以文庙之祀，等之告朔饩羊，可胜叹哉！

衢虽僻处山陬，风气较厚，比以郡学岁久失修，今四月之二十有四日，暴风为灾，东庑之石柱尽折，栋宇颓然，西庑亦有倾覆之患，而大成殿廷独立无辅，岌岌可危。适善化萧公文昭奉檄摄守，行香谒圣，恻然矜之，谓斯文尚在，何遽草莽委之也？因倡议修葺，先筹百金，再分饬各县集资二千一百余金，畀之南宗孔氏之嫡支翰博名庆仪者，与禧共治斯役。不意鸠工伊始，公遽解任去，未竟厥绪。幸继任者巨野姚公舒密，公之甲午同年友也，踵成美举，竭力经营，百工子来，踊跃从事。自殿庑以迄堂户阶戺，内而崇圣祠，外而名宦、乡贤两祠，旁及儒学明伦堂，尊经阁等，巨功巍巍然，翼翼然，舍旧更新，顿然改观。计自五月至七月，阅六十日而告蒇矣。虽曰二公之德之泽足以致之，抑吾夫子在天之灵有以速二公之莅斯任而玉成之也。禧适当馆课余暇，偕学中二三君子朝夕亲督斯役，亦乐观厥成焉。昔司马迁适鲁，观庙堂、车服、礼器而低回留之，衢自南渡楷像遥来，亦圣人幽灵之所宅也。今者宫墙在望，轮奂重新，二公顾之，当亦色喜乎？又安知非吾衢之前途，圣教昌明之一大转机哉！愿后之诸生勿以科名之途塞，进身之阶在彼不在此，而淡若忘之也。必将敦气节，惜名器，相与勉勉焉讲求有用之实学，蕲至于成德达材，以备当世之用，庶于朝廷作育人才之意，与古圣贤留遗教泽之思，良有合也。事既竣，爰述大略，质之姚公，公命勒诸贞珉，以见萧公经始之志，并以劝来者。

# 记吴季清先生[1]

清·梁启超

达县吴季清先生德潚，作令西安。庚子义和之变，为乱民所戕，阖门及难。识与不识，莫不痛心；天之报施善人，真其诬哉！

先生至德纯孝，而学识魄力，迥绝流俗，尤邃佛理。自号双遣居士。有子三人，长曰铁樵，名樵；次曰仲弢，名以檗，季曰子发，名以东，皆有过人之才。余与谭浏阳及铁樵约为兄弟交，而父事季清先生。乙未秋冬间，同客京师。吾三人者连舆接席，未尝一日相离也。丙申五月，铁樵以暴病卒于汉口，浏阳时在沪，哭之恸，尝为作一传，见《时务报》中。未几，季清先生之官山阴，浏阳赠一诗云："此生当补他方佛，何意微尘补一官；(忘却一句)延陵魂气北邙寒。"盖吊之也。以东当乙未年仅十一，随侍入都，风采英发，遍交一时名士。浏阳戏号之曰舍利佛，以其早慧也。丙申受学于余者一年，日读书尽十余卷，属文能二三千言，兼学英法文字，而仲弢亦来居沪上，综核善治事。浏阳语曰："三吴，蜀之三龙也。"吾国有此等人才，岂是亡国气象？而不意铁樵无端以死，而两弟亦随季清先生毙于毒刃也。庚子夏，余在夏威夷岛得仲弢一书曰："舍利佛每言及公，即涕泣不可止。"余重感之，重悲之，乃书未及答而凶耗已闻。天之丧斯，夫复何言？在报中见黄公度有《庚子三哀诗》，其一即季清先生也。记其数联云："以君精佛理，夙通一切法，明知入世事，如幻如泡沫。佛力尚有尽，何况身生灭？将头临刃时，定知不惊怛。"读此亦可以略窥先生之学矣。

---

〔1〕选自《饮冰室诗话》，题目为编者所加。

# 景星山记光绪三十三年

清·马叙伦

自杭州逆钱江而上七百里至须邑，所过郡县都有危峰奇峦，如西子颦，如公孙舞，如象王鼻，如狮子吼，如襟如带，如棋如罗，映江而峙者皆山也，都不知其何名。惟富春山尤蜿蜒奇丽，有严光钓台故址，缘趁便舟，不得上抚其迹为怅。

近须江，北而南望，有石山岑巅壁立迎人，而浮屠峙其侧，心窃识之，及抵须邑，询知所谓景星山也。

拂尘数日，乃邀毛子酉峰，请为向导，走往访之。拾级至山腰，从樵路行，得一庵，所谓小九华者也。有优婆夷居之，盖须丧礼，不用浮屠，以是无比丘、比丘尼。凡坊观、寺庵间，以优婆夷居之，亦以见须俗纯厚之未杀也。

少憩，排棘而上，近山之巅有洞窅然，仿佛吾州之烟霞洞，而险过之，面江临东，内可通人，所谓宾旸洞者也。入洞，道口只可匍匐一人，望之如漆，乃持火蛇行而进，曲折数四，或高则攀，或下则跃，始信果有所谓羊肠鸟道者也。约百余步，忽逢巨窟，可纳百人，寒阴四通，道分歧路，不知所之，废然而返。

越三旬，复偕毛子酉峰、余子樾园、万子铸九、毛子敬居、遇卿并学友二十余人，仍憩于小九华之庵。少顷，披茜而登，久雨泥泞，履革底尤易蹉跌。万子竟不能从，众乃鼓勇奋前，据景星之巅。有水一泓，清莹如吾杭之龙井，争向盥沐。余遂越众扪壁攀石跻其最上，斯真览众山而俱小矣。乃抵掌呼乌乌，继揖毛子、余子而进之，皆仰视无敢上者，余益笑而呼曰：此伯昏瞀人招列御寇之所也。乃缘壁下与众访洞，秉炬匍伏，次第而入。虽余子亦不能从，止前所。忽闻蝙蝠声啾啾，烛之千百如大群，不知其所自来止于此也。

噫，亦奇矣。然吾安知今日所谓人者，五十万年以前，不亦如此类也乎？是为记。

# 大中祥符朗月照禅师塔铭

民国·弘一法师

吴嘉禾间，将军郑平舍宅建大中祥符禅寺，胜境标绝，为三衢诸刹之冠。绵世寖远，盛衰之迹，靡得详考。清道光中叶，住持僧某，重葺梵宇，敷扬洪业。兴继之美，见述后代。百年以来，玄风坠替，金刹废圮。其有嗣徽绪于往哲、穆道俗以归怀，崇振颓流，阐固法道，若朗月照禅师者，诚末化之芬陀，昏途之宝炬矣。

师讳能照，字朗月，一字天心。家浙江江山，族周氏。髫龀之岁，投诣祥符，出家披剃，长禀具足于钱塘昭庆律寺。二十三，任副寺，作务劬勤，行业贞简。后十五年，嗣法住持，严勒清规，增置寺田，缮治祖堂丈室十数楹。自奉俭约，未尝虚糜僧物。性耽寂静，晨灯夕香。晏坐斗室，披寻群典，以自娱适。老儒吴子弓、汪鞠如辈，时扣禅寮。师便延召，披襟致契，谈笑竟夕。宰官缙绅，数数参访者，辄屏不纳。抗行峻节，与世寡和，有古德之遗风焉。

宣统二年，僧众集会兴学，延师长其事，固辞不就；而楷定章则，求觅典籍，悉力任之。上海赈济会募资于衢，师为倡缘；不足，自捐巨金实其数。爱人之周，皆类此也。师于徒众，督课勤肃。再传弟子永祚，根性聪利，师尝器许。提奖道趣，接诱无倦。寺役龚叟，人至朴质，侍师日久，尝教念佛，注心西极，今犹传诵遗德，称道不衰。夙志参学，寺务羁制，未遂其愿。今岁三月，师寿五十，屏除庆祝之文，先期孑身如钱塘，将欲舣舟天目，以盗乱未宁，旋归三衢。五月四日，示微疾，自知不起，诏命弟子，承嗣寺业。弥留之夕，神志清澈。遗嘱修葺大殿，改建斋厨，乃吉祥卧，泊然迁化。时十二年，岁在癸亥七月十八日也。

师住世时，博览内外玄籍，于大慧《禅林宝训》，尤所心折。病卧之暇，披检研味，常不释卷。既而奄殓，乃举《宝训》，供置灵右，慰其幽魄焉。世寿五十，法腊十有二年。弟子妙玄，再传永祚、永仁等。是岁十一月十二日，严霜之晨，葬于鹿鸣山登高亭下。余以宿缘，承侍窆礼。睇朝阳之颓景，悼至人之殂化。辄从眷徒，略承遗德。深心追往，寄怀毫素。乃为铭曰：

住持之道，宝训其资。亦既末运，圣教陵迟。至人示生，继承法位。不务荣名，不干时贵。卓哉师德，季叶之贤。渟心独得，唯宗是篇。标举一行，以该万德。旌彼幽光，百世昭式。大慈沙门昙昉撰并书。

# 现代散文卷

# 衢州纪胜·烂柯纪梦

郁达夫

晋王质，伐木至石室中，见童子四人弹琴而歌，质因倚柯听之。童子以一物如枣核与质，质含之便不复饥。俄顷，童子曰:“其归!”承声而去，斧柯摧然烂尽。既归，质去家已数十年，亲情凋落，无复向时比矣。

这传说，小时候就听到了，大约总是喜欢念佛的老祖母讲给我们孩子听的神仙故事。和这故事联合在一起的，还有一张习字的时候用的方格红字，叫作“王子去求仙，丹成入九天，山中方七日，世上已千年”。我的所以要把这些儿时的记忆，重新唤起的原因，不过想说一句这故事的普遍流传而已。是以樵子入山，看神仙对弈，斧柯烂尽的事情，各处深山里都可以插得进去，也真怪不得中国各地，有烂柯的遗迹至十余处之多了。但衢州的烂柯山，却是《道书》上所说的“青霞第八洞天”，亦名“景华洞天”的所在，是大家所公认的这烂柯故事的发源本土，也是从金华来衢州游历的人非到不可的地方，故而到衢州的翌日，我们就出发去游柯山(衢州人叫烂柯山都只称柯山)。

十月阳和，本来就是小春的天气，可是我们到烂柯山的那天，觉得比平时的十月，还更加和暖了几分。所以从衢州的小南门出来，打桑树柏树很多的田野里经过，一路上看山看水，走了十六七里路后，在仙寿亭前渡沙步溪，一直到了石桥寺即宝岩寺的脚下，向寺后山上一个通天的大洞看了一眼的时候，方才同从梦里醒转来的人一样，整了一整精神。烂柯山的这一根石梁，实在是伟大，实在是奇怪。

出衢州的南门的时候，眼面前只看得出一排隐隐的青山而已；南门外的桑麻野道，野道旁的池沼清溪，以及牛羊村集，草舍蔗田，风景虽则清丽，但也并不觉得特别的好。可是在仙寿亭前过渡的瞬间，一看那一条澄清澈底的同大江般的溪水，心里已经有点发痒似的想叫起来了，殊不知入山三里，在青葱环绕着的极深奥的区中，更来了这巨人撑足直立似的一个大洞；立在山下，远远望去，就可以从这巨人的胯下，看出后面的一湾碧绿碧绿的青天，云烟缥缈，山意悠闲，清通灵秀，只觉得是身到了别一个天地；一个在城市里住久的俗人，忽入此境，哪能够叫他不目瞪口呆，暗暗里要想到成仙成佛的事情上去呢？

石桥寺，即宝岩寺，在烂柯山的南麓，虽说是梁时创建的古刹，但建筑却已经摧毁得不得了了。寺后上山，踏石级走里把路，就可以到那条石梁或石桥的洞下；洞高二十多丈，宽三十余丈，南北的深约三五丈，真像是悬空从山间凿出来的一条石桥，不过平常的桥梁，决没有这样高大的桥洞而已。石桥的上面，仍旧是层层的岩石，洞上一层，也有中空的一条石缝，爬上去俯身一看，是可以看得出天来的，所谓一线天者，就系指这一条小缝而言。再上去，是石桥的顶上，平坦可以建屋，从前有一个塔，造在这最高峰上，现在却只能看出一堆高高突起的瓦砾，塔是早已倾圮尽了。

石桥下南洞口，有一块圆形岩石蹲伏在那里，石的右旁的一个八角亭，就是所谓迟日亭。这亭的高度，总也有三五丈的样子，但你若跑上北面离柯山略远的小山顶上去瞭望过来，只觉得是一堆小小的木堆，塞在洞的旁边。石桥洞底壁上，右手刻着明郡守杨子臣写的“烂柯仙洞”四个大字，左手刻着明郡守李遂写的“天生石梁”四个大字，此外还有许多小字的题名记载的石刻，都因为沙石岩容易风化的缘故，已经剥落得看不清楚了。石桥洞下，有十余块断碑残碣，纵横堆叠在那里。三块宋碑的断片，字迹飞舞雄伟，比黄山谷更加有劲。可惜中国人变乱太多，私心太重，这些旧迹名碑，都已经断残缺裂到了不可收拾的地步。《烂柯山志》编者，在金石部下有一段记事说：

名碑古物之毁于兵燹，宜也；但烂柯山之金石，不幸竟三次被毁于文人，岂非怪事？所谓文人的毁碑，有两次是因建寺而将这些石碑抬了去填过屋基，有一次系一不知姓名者来寺拓碑，拓后便私自将那些较古的碑石凿断敲裂，使后人不复有再见一次的机会。

烂柯山南麓，在上山去的石级旁边，还有许多翁仲石马，乱倒在荒榛漫草之中。翻《烂柯山志》一查，才知道明四川巡抚徐忠烈公，葬在此地，俗称徐天官墓者，就是此处。

在柯山寺的前前后后，赏玩了两三个钟头，更在寺里吃了一顿午饭，我们就又在暖日之下，和做梦似地回到了衢州，因为衢州城里还有几处地方，非去看一下不可。

一是在豆腐铺作场后面的那座天王塔。

二是城东北隅吴征虏将军郑公舍宅而建的那个古刹祥符寺。

三是孔子家庙，及庙内所藏的子贡手刻的楷木孔子及夫人亓官氏像。

这三处当然是以孔庙和楷木孔子像最为一般人所知道，数千年来的国宝，实在是不容易见到的稀世奇珍。

陪我们去孔庙的，是三衢医院的院长孔熊瑞先生，系孔子第七十三代的裔孙。楷木像藏在孔庙西首的一间楼上，像各高尺余，孔子是朝服执圭的一个坐像，亓官夫人的也是一样的一个，但手中无圭。两像颜色苍黑，刻划遒劲，决不是近代人的刀势。据孔先生告诉我们的话，则这两像素来就说是出于端木子贡之手刻，宋南渡时由衍圣公孔端友抱负来衢，供在家庙的思鲁阁上；即以来衢州后的年限来说，也已经有八九百年的历史了。孔子像的面貌，同一般的画像并不相同，两眼及鼻子很大，颧骨不十分高，须分三挂，下垂及拱起的手际，耳朵也比常人大一点儿。孔子的一个圭，一挂须，及一只耳朵，已经损坏了，现在的系后人补刻嵌入的，刀法和刻纹，与原刻的一比，显见得后人的笔势来得软弱。

孔庙正中殿上，尚有孔子塑像一尊，东西两庑，各有迁衢始祖衍圣公孔端友等的塑像数尊，西首思鲁阁下，还有石刻吴道子画的孔子像碑一块；一座家庙，形式格局，完全是圣庙的大成至圣先师之殿。我虽则还不曾到过曲阜，但在这衢州的孔庙内巡视了一下，闭上眼睛，那座圣地的殿堂，仿佛也可以想象得出来了。

# 衢州纪胜·仙霞纪险

郁达夫

从衢州南下，一路上迎送着的有不断的青山，要超过几条水色蓝碧的江身，经一大平原，过双塔地，到一区四山围抱的江城，就是江山县了。

江山是以三片石的江郎山出名的地方，南越仙霞关，直通闽粤，西去玉山，便是江西；所谓七省通衢，江山实在是第一个紧要的边境。世乱年荒，这江山县人民的提心吊胆，打草惊蛇的状况，也可以想见的了；我们南来，也不过想见识见识仙霞关的险峻，至于采风访俗，玩水游山，在这一个年头，却是不许轻易去尝试的雅事，所以到江山的第二日一早，我们就急急地雇了一辆汽车，驰往仙霞关去。

在南门外的汽车站上车，三里就到俗名东岳山、有一块老虎岩并一座明嘉靖年间建置的塔在的景星山下；南行二十里，远远望得见冲天的三块巨岩江郎山，或合或离，在东面的群山中跳跃；再去是淤头，是峡口，是仙霞岭的区域了，去江山虽有八九十里路程，但汽车走走，也只走了两三个钟头的样子。

仙霞岭的面貌，实在是雄奇伟大得很！老远看来，就是那么高那么大的这排百里来长的仙霞山脉，近来一看，更觉得是不见天日了。东西南的三面，弯里有弯，山上有山；奇峰怪石，老树长藤，不计其数；而最曲折不尽、令人方向都分辨不出来的，是新从关外二十八都筑起，沿龙溪、化龙溪两支深山中的大水而行的那条通江山的汽车公路。

五步一转弯，三步一上岭，一面是流泉涡旋的深坑万丈，一面又是鸟飞不到的绝壁千寻。转一个弯，变一番景色，上一条岭，辟一个天地；上上下下，去去回回，我们在仙霞山中，龙溪岸上，自北去南，因为要绕过仙霞关去，汽车足足走了有一个多钟头的山路。山的高，水的深，与弯的多，路的险，不折不扣的说将出来，比杭州的九溪十八涧，起码总要超过三百多倍。要看山水的曲折，要试车路的崎岖，要将性命和运命去拼拼，想尝一尝生死关头、千钧一发的冒险异味的人，仙霞岭不可不到，尤其是从仙霞关北麓绕路出关，上关南二十八都去的这一条新辟的汽车公路，不可不去一走。车到关南，行经小竿岭的那个隘口，近瞰二十八都谷底里的人家，远望浦城枫岭诸峰的青影的时候，我真感到了一种一则以喜一则以惧的说不出的心理：喜的是关后许多险隘，已经被我走过了；惧的是直望山脚的目的地二十八都，虽然是只离开了一程抛石的空间，但山坡陡削，直冲下去，总也还有二三千尺的高度。这时候回头来看看仙霞关，一条石级铺得像蛇腹似的，曩时的鸟道，却早已高高隐没在云雾与树木中间了。

从小竿岭的隘口下来，盘旋回绕，再走了三四十分钟，到仙霞关外第一口的二十八都去一看，忽然间大家的身上又起了一层鸡皮的细粒。

太阳分明是高照在那里，天色当然是苍苍的，高大的人家的住屋，也一层一层的排列着在，但是人哩，活的生动着的人哩，人都到哪里去了呢？

许许多多的很整齐的人家，窗户都是掩着的，门却是半开半闭，或者竟全无地空空洞洞同死鲈鱼的口嘴似的张开在那里。踏进去一看，地下只散乱铺着有许多稻草。脚步声在空屋里反射出来的那一种响声，自己听了也要害怕。忽而索落落屋角的黑暗处稻草一动，偶尔也会立起一个人来，但只光着眼睛，向你上下一打量，他就悄悄地避开了。你若追上去问他一句话呢，他只很勉强地站立下来，对你又是光着眼睛的一番打量，摇摇头，露一脸阴风惨惨的苦笑，就又走了，回话是一句也不说的。

我们照这样的搜寻空屋，搜寻了好几处，才找到了一所基干队驻扎在那里的处所。守卫的兵士，对我们起初当然也是很含有疑惧的一番打量，听了我们的许多说明之后，他才开口说："昨晚上又有謡言。居民是自从去年九月以来，早就搬走了。在这里要吃一顿饭，是很不容易，因为豆腐青菜都没有人做，但今天早晨，队长是已经接到了江山胡站长的信，饭大约总在预备了吧?”说了，就请我们上大厅去歇息。我们看到了这一种情形，听到了那一番话，食欲早就被恐怖打倒了，所以道了一声队长万福，跳上车子，转身就走。

重回到小竿岭的那个隘口的时候，几刻钟前曾经盘问我们过，幸亏有了陈万里先生的那个徽章证明才安然放我们过去的那位捧大刀的守卫兵，却笑着对我们说:“你们就回去了么?”回来一过此口，已经入了安全地带，我们的胆子也大起来了，就在龙溪边上，一处叫做大坞的溪桥旁边下了车，打算爬上山去，亲眼去看一看那座也可以说是一夫当关、万夫莫开、宋史浩方把石路铺起来的仙霞关口。一面，叫空车子仍遵原路，绕到仙霞关北相去五里的保安村去等候我们，好让我们由关南上岭，关北下山，一路上看看风景。

据书上的记载，则仙霞岭高三百六十级，凡二十四曲，有五关，X十峰，等等，我们因为是从半腰里上去的，所以所走的只是关门所在的那一段。

仙霞关，前前后后，有四个关门。第二关的边上，将近顶边的地方，有一座新筑的碉楼在那里，据陪我们去游的胡站长说，江山近旁，共有碉楼四十余处，是新近才筑起来的，但汽车路一开，这些碉楼，这座雄关，将来怕都要变成些虚有其名的古迹了。

仙霞关内岭顶，有一座霞岭亭，亭旁住着一家人家，从前大约是守关官吏的住所，现在却只剩了一位老人，在那里卖茶给过路的行人。

北面出关，下岭里许，是一个关帝庙。规模很大，有观音阁、浣霞池亭等建筑，大约从前的闽浙官吏来往，总是在这庙内寄宿的无疑。现在东面浣霞池的亭上，还有许多周亮工的过关诗，以及清初诸名宦的唱和诗碣，嵌在石壁的中间。

在关帝庙里喝了一碗茶，买了些有名的仙霞关的绿茶茶叶，晚霞已经围住了山腰，我们的手上脸上都感觉得有点潮润起来了，大家就不约而同地叫了出来说：

“啊！原来这些就是仙霞！不到此地，可真不晓得这关名之妙喂！”

下岭过溪，走到溪旁的保安村里，坐上车子，再探头出来看了一眼曾经我们走过的山岭，这座东南的雄镇，却早已羞羞怯怯，躲入到一片白茫茫的仙霞怀里去了。

# 烂柯山故事新解

邓　拓

浙江省有许多闻名的山水，其中有一座烂柯山，位于衢县以南。我曾见许多朋友到浙江去就一定要看看烂柯山。这是为什么呢？难道这座山上果真有什么迷人的风景不成？事实并不是这样。他们所以要看烂柯山，无非因为这座山是由于一个神话故事而得名的。

据南北朝时期任昉的《述异记》一书载称：

> 晋王质入山采樵，见二童子对弈。童子与质一物，如枣核，食之不饥。局终，童子指示曰：汝柯烂矣。质归乡里，已及百岁。

虽然《述异记》这部书未必是任昉所著，可能是后人伪托之作，但是这一段故事却很有意思。用现代科学的观点来分析，这个故事倒很像是科学幻想，具有相当的科学价值，不应该把它看成毫无根据的胡言乱语。

这个故事中的主人公王质，在山上只看完了一局棋，而砍柴用的斧头上的那根木柄就已经腐烂了，回到家里已经一百岁了。这种情形在我国古代大量流行的神话故事中，本来不算什么稀奇。我们还可以举出更多的神话故事，都是以所谓“山中方七日，世上几千年”的公式为指导来编写的。不过那些神话故事都没有烂柯山的故事这么著名罢了。现在值得研究的问题，倒是在于这个所谓“山中方七日，世上几千年”之类的公式，究竟有没有科学意义？

回答这个问题，我想应该采取肯定的语句。特别是现在人类向宇宙飞行的序幕已经打开的时候，我们对于烂柯山的故事尤其必须进行新的解释。

最近出版的《知识就是力量》一九六一年第三期上，刊登了苏联物理数学博士梅希可夫斯基写的《时间相对性的验证》一文。作者引述了科学研究的最新材料，来证明时间相对性的自然规律是客观存在的。按照这个自然规律，梅希可夫斯基说："假设某一宇宙飞行家出发旅行的时候是二十五岁，家里有父母妻子和一个三岁的女儿；当他作了五年的星际旅行回到地球上的时候，他的父母和妻子都已去世了。前来欢迎他的是他的女儿，但是她不是八岁的女孩，而是一位白发苍苍、年近古稀的老太太了。"这虽然是假想的故事，可是它同烂柯山的故事多么相似啊！

未来的宇宙航行中，因为载人的飞船是以接近于光波的速度向遥远的星际飞去，所以对于飞船上的人来说，时间就过得特别慢，几年的时间就能走许多光年的星际航路；而地球还是照老样子慢慢地自转和公转，所以对地上的人们来说，时间反而过得快了，在星际空间只飞行了几年的时间，地球上的人却过了大几十年。这个时间相对性的自然规律，当然不以人们的意志为转移；不过人们也决不能任凭自然规律来摆布，人类将毫无疑问地要进一步掌握和运用自然规律，而不至于束手无策。

现代的科学家已经有了许多新的方法，可以控制自然规律，使它为人类更好地服务。在控制时间相对性的这个规律方面，现代科学家也已经想出了一些办法。比如用长期睡眠的方法，将会使宇宙航行家的亲人一觉醒来就过了几十年的时间，等到亲人回来还没有老。又比如将来宇宙飞船进一步发展完善了，一家人都可以去飞行，甚至地球和其他星球之间的来往日益频繁，你来我往的时间更加迅速和缩短。这样人们就会逐渐减少以至消除时间相对性这个规律对人的支配作用，烂柯山的故事将永远不会重演了。

# 烂柯的梦

林斤澜

## 一

郁达夫写过烂柯山的游记，记下烂柯传说如下：

> 晋王质，伐木至石室中，见童子四人弹琴而歌，质因倚柯听之。童子以一物如枣核与质，质含之便不复饥。俄顷，童子曰："其归！"承声而去，斧柯摧然烂尽。既归，质去家已数十年，亲情凋落，无复向时比矣。

这个传说流行很久也很广。郁达夫是重述别人的著作，或是他自己有重要的笔误？樵夫王质山中遇见的童子是在下棋，王质留下为观棋，就算有歌听也不主要。传说当可各地不一，但主要动作若是"倚柯听之"，想来柯——斧柄烂起来，早"倚"不住而警觉了。若是坐下观棋，把斧子垫着屁股，起身归时才发现斧柄拿不起来了，这要自然成趣得多。

用这个传说定"景点"之名的，据说全国总有十余处。

童子下的棋，传说是黑白子，是围棋。因此围棋又别名"烂柯"，烂柯山当是围棋之乡了。旅游成了无烟工业的年头，各处不免有些竞争。不过最有根据的，还是浙江衢州近郊的烂柯山。

衢州烂柯山不高，但仙人下棋的石坪宽阔，上面扣着一弯石梁，气魄非常，是层层的岩石，又浑然一体。这石梁与石坪一起，若算作一个洞，这洞好比鲸鱼张嘴，比作鲸鱼，因为想不起来有更大的，扁扁仿佛含笑的嘴巴。

洞外有亭凌空。

洞内石坪上，凿了羽毛球场般大的格子棋盘，有十来枚石鼓似的黑白子。

这是“现代的气概”，和“思古的幽情”有所参差。

何不找个角落，或者就在亭子那里——千万不可用钢筋水泥。找几个烂石头，高低错杂，绿苔斑驳，叫人相信柯矣可烂。或可望不可即，如黄山的梦笔峰，或如许多溶洞中的隔水相望……这个传说也太叫人“悠悠”了也。

我们的古币中，有一枚“棋仙钱”，一面是两位高手席地对弈，一面是朱熹“烂柯山”五言诗：“局上闲争战，人间任是非。空教采樵客，柯烂不知归。”

人间的匆促，天地的永恒，反差极大，反倒溶化合梦。多少梦幻的诗歌，多少结构为梦的传奇，还有玄虚深奥的感应哲理，中国人的天人合一的终极追求，这些都渊源久远了。

不料，今天我们仿佛撞进——有人是跌进，也有是推进讲究实际，更多更多的只讲实用的年头。把诗把梦把追求都一笑扔了。谁也看不见自己这一扔的笑容，有人说他看见了，其实也还是在梦里，梦里看见的是什么样子？他张口结舌，只说：狰狞。

就在这年头，也还没有嘲弄永恒吧。倒是不少人花大钱购买不老的药，仍是对永恒的最实用的追求。这样的追求，无梦。

郁达夫游罢烂柯山，写道：“我们就又在暖日之下，和做梦似地回到衢州。”这个梦的感觉很是。衢州有人递过纪念册来，非写几个字不可，我写：烂柯围棋，天人合梦。

## 二

我写过一篇《烂柯的梦》，想想没有说清楚，不妨续上一段。

烂柯是个神仙传说，不是梦。说做梦，只因这个传说中，梦意漫漫。山上下棋的是神仙童子，观棋的是樵夫凡人。才一局，斧把就烂掉了。一局，是神仙的棋。烂柯，是凡人的斧。神与人碰到一起，就发生这样强烈的对比，一个是悠悠岁月，一个是匆匆日脚。一个是永恒，一个是速朽。确实是天壤之别的两个世界。诗云:“山中方七日,世上已千年。”说是诗,也其实是家喻户晓的民谚。偏偏有不少的谚语、诗歌,编织复杂的故事,让两个世界互相穿插,好好欣赏撞击的火花,也是表现一种普遍的愿望:两个世界的化合。这化合的愿望,当不是一半对一半的调和,实际是祈求“匆匆”溶化在“悠悠”里,让“速朽”投合到“永恒”之中。

说是一种愿望,实际祈求起来却又分多种层次。最世俗的是他搜寻仙丹妙药,吃下去长生不老。哪怕要飞升一下,到冷冰冰的月宫里,过“琼楼玉宇高处不胜寒”的日子,也值得拼上性命。自古炼丹服药,没见谁长生,反倒速死了多少人!

再一种是追求境界,人生态度,精神修养,哲学观照。好比说回到大自然中去;好比说清静无为;好比说心平气和,颐养天年;好比说把人道比着天道,得到氤氤氲氲的博大心胸。

再是让“匆匆”的“速朽”的生命,投入“悠悠”的“永恒”的事业。一个雨点,落入江河,就可以奔流到海,大海不拒细流。小雨点也可以说,我就是海,海就是我们。文学艺术,科学技术,一切创造性的工作都将与天地一起悠悠,一起无限,一起长生。这是最积极的人生了,连革命家都可以归到这里来。

烂柯山传说经久经广,不失美丽。只怕是和我们更久更广的天人合一思想,不失色与光相连。

也有不同的看法,虽说少见,可也不怪异。大家知道苦雨斋主人的一生要分时期,在他最光辉的“五四”前后,在《雨天的书》里说到烂柯山一局棋下了“六十年”,“这样浪费时间无裨实际的生活,殊不值得费尽了心机去求得他……”

指着烂柯山说“浪费时间”,恐怕是一绝。把时间比作“生命”,比作“金钱”,比作“一切”,这是当前的口头禅。改革开放以前,特别在连绵的“运动”中,为了一句话,搭上许多“车轱辘”话,轱辘经年,毫不心疼。《雨天的书》写在二十年代,那还是“踱方步”的日子,对时间竟有了紧迫感、危机感,那是先驱的感觉了。

> ……那种长生不老的生活，我也一点儿都不喜欢。住在冷冰冰的金门玉阶的屋里，吃着五香牛肉一类的龙肝凤脯，天天游手好闲，不在松树下着棋，便同金童玉女厮混……

烂柯山的神仙，给了樵夫一枚“枣核”一类的东西，因之“六十年”不饿。试想“五香牛肉一类”，比“枣核”发噱得多。或者须添一个“干”字，五香牛肉干也。

苦雨斋的看法，和前边诸多看法顶着牛，不过事关生死，听话须听音。音承的先驱感觉，和前边的积极态度那一部分，精神上是一致的。前后的看法，这和烂柯山传说经久的美丽、经久的光色，相反相成。

## 三

烂柯山的传说，早在《述异记》上就有记载。

> 信安郡石室山。晋时王质伐木至，见童子数人，棋而歌，质因听之。童子以一物与质，如枣核，质含之而不觉饥。俄顷，童子谓曰：“何不去？”质起，视斧柯尽烂。既归，无复时人。

信安郡，是浙江衢州的古名。这里记载的是“棋而歌”。传说本当传来传去，传中一再创造，没有什么走样不走样。后来或诗或文，多数把歌放下，单观一棋，王质只是观棋，才一局，柯烂。再后来把烂柯当做围棋的别名，更没有听歌的事了。

郁达夫的《浙东景物纪略》中有《烂柯纪梦》，却是“童子四人弹琴而歌，因倚柯听之”，没有“观棋”字样。

衢州新印“烂柯山景区简介”的海报，摘录了历代名诗文，大都以棋为宗旨，也节采了郁达夫的《纪略》，对听歌的说法不作注，无按语。我以为略表态度方是上策。

听歌与观棋，情调可能迥异。拿景观的建设来说，歌台与棋坪的色彩，可能正好相反。

广西有位大名鼎鼎的刘三姐，漓江边上早有山峰顶着她的名号。听说近来又在好山好水中间，为她设置了赛歌台。我还无缘访问，不知究竟如何。想来这歌台有许多民歌垫着底，得“歌”独厚，别处不好比。想来春花秋月，男女相悦，歌如沉醉，台似燃烧。听者脉搏活跃，歌者气血热烈，若论色调，一个暖字无疑。

烂柯山的围棋，会当幽静，倾向思索。人间正道沧桑，天上元气云烟。刻划但见力度，不嫌粗糙。堆砌可以神往，不能近身。给思想，给想象，给象征上穷碧落下黄泉探讨哲理的玄妙，天人合一，讲究色调的沉静，冷字当先。

现在的石坪上，“用324块90厘米见方、10厘米厚的青石板”，“铺设……面积400平方米”，“堪称世界棋盘之最”。当是现代气魄，却与古道参差，不妨气魄之外，另觅精魂。

或山坳，或洞穴，或背阴僻静角落，有烂石数块，有斑驳青绿。或远观、或近望、或指点、或形容，总不得走到跟前去。

切忌雕梁画栋，红门绿窗，钢骨水泥。

若借得一片水来，隔水相望。若有水中倒影，窥视洞天，眼界清澈穿透，色相又朦胧不可思议，不由得想象展翅飞翔，不觉无穷尽处。

若问思想是抽象的，怎生具象起来。请看看罗丹的二三雕塑就是了。说到雕塑，顺便找补两句：景观以天然为上，但也不能一概谢绝人工。罗丹那样的高峰攀不上，但不是不可攀，只要是在这个山峰上的攀登就合烂柯梦意。

要不，何来人文建设！

# 两座山和两个神话故事

王西彦

## 上

浙江西南部的衢州和江山两县市，都是我早年的旧游之地，在记忆里留有难以磨灭的印象。可是，这两地的两座名山却一直没有赏识的机会，因而长期心怀怅惘。三个月前的暮春季节，青年时代的愿望终于获得实现。

两座名山就是烂柯山和江郎山。

关于烂柯山，人们总要想起据称是南朝任昉所作《述异记》里的说法：“信安郡石室山。晋时王质伐木至，见童子数人棋而歌，质因听之。童子以一物与质，如枣核。质含之，不觉饥，俄顷，童子谓曰：‘何不去?’质视，柯尽烂。既而归去，已无复时人。”这就是“烂柯山”得名的来由，历史上很多古籍如郦道元《水经注》等都有类似记载。而且在全国各地还有其他地方有以“烂柯”命名的山，例如广东的肇庆市和山西武乡县。因为山上有洞似室，所以被称为“石室山”；又似石拱桥，又被称为“石桥山”。

衢州市的烂柯山在离城约二十里的乌溪江畔，当地的村庄就叫做“石室乡”。我和同伴们到达那里时，刚好在雨后，原本阴沉的天空透露出似有若无的阳光。从村边通向烂柯山的一条卵石子路，总有两里来长，而且逐步上升。由于地湿路滑，山虽不算太高，但登攀还是颇觉费力，只因有藤杖的撑支才不至踣跌。山径两旁，是一些松柏之类的杂木。走了约一里光景，转一个弯，抬头就看见茂密的林丛中出现一座横空飞架的石桥，好像是山灵的一只巨眼，使你情绪为之一振，不觉加快了步伐，一个小小的池塘过去了，前面是几段寺庙的红墙和几间残破的泥屋，难免给人一种荒凉的感觉。陪同者告诉说，山麓的庙宇原名

“宝岩寺”，村民们叫它“石室寺”，曾经有过香火鼎盛的历史，如今庙宇被拆毁了，僧人走散了，只留剩着一个年轻的和尚，住在庙前破屋里靠行乞过日子。我的兴趣却在那个山灵巨眼似的山洞，沿着一条之字形山路，跨着急步向它奔去。到了山上，站在洞前仰望那座巨大的石桥时，你不能不为造物主的神工奇艺而深感惊讶。尽管熟悉历史情况的陪同者用一种不胜惋惜的口吻给我们作介绍，说原来附近还有“日迟亭”和“柯山塔”，山坡上还有“战龙松”和“五指樟”，山洞两边也还有历代摩崖石刻，有很多名家的碑文诗词，等等，可惜这些古物古树都被破坏砍伐殆尽，尤其是十年浩劫时期，好像这一切都成了“革命”的对象。但我却移步伫立在石洞下，遥想这个地方，那位前来伐木的王质观看童子们一边下棋，一边唱歌，而他则口含枣核似的异物。竟完全忘记了时间的消逝，使得千年以后的我这个白发老人，也向往于那神奇的景象而倚杖入神……

我忽然回忆起童年时期经常背诵的一首诗，是初学写字描红的底本上的：“王子去求仙，丹成上九天；山中方七日，世上已千年。”大概取它的字划简少，便于儿童临摹。当时我曾经向老师问到上山去求仙的“王子”究竟是什么人，老师也说不清楚，只举出一个相传为汉刘向所作《列仙传》里的故事，说周灵王的太子叫“王子乔”的，曾到嵩山去修炼了三十年，丹成升天而去。山中的七日，等于世上的千年，已经够神奇了；而王质观棋却只有“俄顷”，不是更为短暂吗？不用说，“七日”也好，“俄顷”也好，时间在这里都成为相对的东西。据陪同者说，烂柯山麓除了佛教的“宝岩寺”，原来还有个道教的“集仙观”，王质观棋的故事总难免使人联想起老庄对生死、寿夭、永暂的那种启人深思的通达观点。我还觉得你只要把岩洞看成眼眶，石桥看成眉梁，洞上的石缝看成眼皮，四周的林木看成睫毛，你就能从这自然的神奇构造中获得某种足供深思的启示。

## 下

三天以后，从衢州到地处浙、闽、赣边境的江山市，又游览了那里的名胜江郎山。

关于江郎山，有一个十分动人的故事。说是早年间这座山原是个海口，可以一直通到东海龙宫；东海龙王的女儿海公主到这里游戏时，认识了当地江姓三兄弟，并且爱上了弟弟江三郎。可是海龙王为了讨好拥有兵权的癞蛤蟆将军，私下把女儿许配给他。秉性倔强的女儿不遵父命，溜出海口躲避到江家住下，蛤蟆将军带领一群水府虾兵蟹将前来索取，双方展开了一场恶战。蛤蟆将军心生毒计，调动东海的海水助战，当地的房屋田地尽被淹没，人畜全被冲散。等到恶战结束，海水退去，侥幸躲过灾祸的海公主却发现江郎三兄弟已被海水浸泡发硬，化成巨石。多情的公主见状大哭，化成一只美丽的杜鹃鸟，围着三兄弟一边飞，一边叫："哥哥，我不回去，我要跟着你永不分离！"那个狠毒成性的癞蛤蟆在混战中被老鹰啄去一只眼珠，刚好回头向海口张望，也趴在巨石旁边变为石头，就是现在山腰上那块"蛤蟆石"。它的上面还有块"老鹰石"，那是老鹰所化，它一直警惕地监视着癞蛤蟆。再上面还有一处岩底通道，仅容游人侧身通行的"鸡埘弄"，那是江郎老母用鸡笼压死为蛤蟆将军效劳卖命的鳖精的地方。后人为了纪念江郎三兄弟，就把山称为江郎山，又因为三兄弟顶天立地屹立在那里，又称为"江郎三片石"。直到现在，人们去游山时，还能够看到一只杜鹃鸟绕着"三片石"一面飞，一面叫："哥哥，我不回去，不回去！"而"三片石"也回应道："你莫回去，莫回去！"……

这座享有如此美丽的传说故事的名山，距离县城约有五十里，我和同伴们乘车前去时是个阴天的下午，因为都听说过关于这座山的传说，对它充满好奇，陪同者在车子里介绍说，江郎山又名金纯山、玉郎山和须郎山，高达824米。上面的三个石峰高260米，左面的叫"郎峰"，中间的叫"亚峰"，右面的叫"灵峰"，各有各的风姿和特色。又介绍说，那里旧名八景，既有"三峰列汉"和"誓二蹬盘空"，又有"松梢挂月"和"树杪飞泉"，还有"洞岩钟鼓"和"古寺春云"以及"山村暮雪"和"十八曲径"，等等，现在也还能寻访到它们的踪迹。因为天色愈来愈阴沉，好像要下雨的样子，我们盼车子一到山下就沿着新辟的盘山公路，一直驶上半山腰。下车步行约百步，到达一所刚修复的庙宇，里面塑有一尊尚未着色的观音像。这里据说原有一个历史悠久的江郎庙，不知道为什么现在却塑起观音菩萨来了。在庙前一排看庙人住屋的廊下休息片刻，又沿着一条崎岖狭窄的山径到另一处开设饭店的屋子里喝茶。江山市是出产茶叶的地方，有一种被称为“绿牡丹”的，它浸在水里就像是一朵朵盛开的牡丹花。我们喝的虽不是那种名贵的品种，却也清香喷鼻。这自然由于不仅茶是新茶，而且水是山泉。特别引人注意的，是悬挂在墙壁上的一些前代名家咏颂山色胜景的诗篇，如白居易和陆游等人的。我最欣赏的是其中辛弃疾的一首：“三峰一一青如削。卓立千寻不可攀；正直相扶无倚傍，撑持天地与人看。”在这里，诗人把“江郎三片石”人格化了。留传给千秋后代的是一种对高尚品质的倾心景慕。

正当我们品茶赏诗时，天空中飘落起一阵漾濛细雨。大家正为此深感惋惜，忽然雨又停了，还从云端透露出淡淡的阳光。我们抓紧时机，在陪同者的引导下，急忙起身前往“三片石”。使人惊讶不置的是，在整座山的半腰间，忽然屹立起三个“青如削”的奇峰，卓然并列，直插云间。大家弯腰通过一处悬空危岩下的小径，转到中间的“亚峰”脚下。同伴中间有一位脚力矫健的，继续择路前进，登上了“灵峰”的一处斜坡，也就没有勇气再往高攀缘了。至于我这个力弱者，由于路窄石滑，好不容易到了这里，简直有些气喘不迭。据陪同者说，峰巅有名贵药材，如石斛芳柏，苦丁香茶，得天独厚，被视为珍品，只有大胆的采药人能够缘石壁攀登，到达那人迹罕至的地方。至于一般寻胜探幽的旅客，就只能有望峰兴叹的份儿。我抬头仰望峰巅，只见古木葱郁，一片云雾弥漫。刹那之间，我好像看见有一只山鹰似的鸟儿正在盘峰而飞，同时似乎也听到了“哥哥，哥哥”的鸣叫声。不待说，这只是我的幻觉，事实是，云雾骤浓，已经连峰巅也消失无踪了。

在乘车回城的路上，我仿佛刚刚闯出一个奇异的梦境，连神情也有些恍惚。我忽然联想起几天前的游览烂柯山。如果说，关于烂柯山的那个樵夫观棋的故事，出于人类对超越时间限制的愿望；那么，关于江郎山的“三片石”的传说，不就出于人类对高贵品质的永恒价值的追求吗？一部漫长的历史，所记载的其实就是这种愿望和追求。想到这一点，我仿佛获得一种对人生世相的感悟，觉得虽然有着这样那样的不满足，也完全不虚此行了。

# 廿八都，遗落在大山里的梦

汪浙成

初到廿八都，那看惯高楼如林的都市的目光，是那样新鲜而惊奇地在一座座古雅的马头墙和精湛的雕花门楼上徜徉着，一时竟以为置身在“不知有汉，无论魏晋”的桃花源了。

越地自古多华构。仅就乡土建筑的根——民居而言，有东阳卢宅，富阳龙门，金华周村，闪烁着华夏建筑的特色。然而像廿八都这样成群成片保存如此完好的古建筑群，在江南实属罕见，被行家们誉为全省排行第一。

廿八都是浙江最西南边上的一个集镇，属江山市，坐落在浙、闽、赣交界的仙霞山脉纵深地带，群峰拱列，关隘林立。被史家称为“一人守险，千人不得上”的雄关仙霞、枫岭、六石和安氏，像四位顶天立地的勇士镇守着东南西北四面，然而镇子周围土地平旷，美丽的枫溪从小镇脚下流过，良田美池，屋舍俨然，风吹晴澜。倒映在河中的飞檐脊兽，朱梁画栋，闪闪烁烁，扑朔迷离，宛如神话中的水晶宫！

我喜欢在街上蹀躞。高大的马头墙——当地人称五花山墙——枝桠般从街两厢相对而出，在行人头上交织在一起，把天空挤得只剩下条狭窄的缝隙。纵令阳光灿烂，街上却依旧阴阴漠漠。一串串古色古香的招牌，在出檐很深的铺面上方来回摆荡。上面或是画着酒坛，或是一把热气腾腾的茶炊，或南北果品，或文房四宝，以及当地特有的喜庆寿辰的大红对联。时近年关，围着蓝土布围腰的山里人像欧洲喜欢猫的贵妇一般，人人怀里揣着竹编火笼。大家相见无杂言，但道年货棒。

廿八都的古建筑，不论作为物用的民居，还是象征精神需求的寺庙殿阁，都有浓厚的乡土气息。这里是山区，所有建筑都根据自然地形，依势而筑。在传统群体组合、横向铺排的基础上，突出崇尚阔大雄硕的美学风格。一座两千人不到的小镇的孔庙，大成殿竟是三层歇山顶楼阁；飞檐出挑，从西北坡上气宇轩昂地雄视着全镇。整个建筑由照壁、门庭、正门、前殿、天井、正殿、寝殿和左右厢房组成，实在够宏伟的了。

民居布局也不同于水乡的“四水归堂”，大多采取平面长方形四合院群体组合。青砖清砌的墙体，由于受邻近的江西影响，只是在檐下装饰条宽边粉线，不像绍兴一带的水乡粉墙。门楼也由工艺精细的木雕代替水乡地区的砖雕，形成一种国内罕见的融浙式、徽式、赣式和客家民居风格于一体的独特的建筑文化。

记不得是谁说过，建筑是凝固的音乐。在廿八都，有时，当我伫望那一座座无声的土木之物，耳畔会訇然响起动听的乐曲，领略到一种无法言说的音乐美。步入多重进深的深宅大院，每进一幢，展开一层空间，逐渐地向你打开富有变化的建筑形象。这感觉，一如清音幽婉，缭绕不绝。驻足水边，遥瞻穹然独出藤萝掩映的枫溪古桥，会感到它仿佛浩歌一曲，声震翠谷，此外像镇南水安古桥，横跨深涧，桥下溪水飞湍，桥上廊亭飞动，宛如整个乐曲中一段感情酣畅的华采乐章。

小镇有如此众多的古建筑群，是因为它曾拥有一个辉煌的昨天。廿八都的历史，最早可以追溯到唐末黄巢起义。是这位农民领袖率领队伍，“刊山七百趋建州”，开辟出仙霞古道，此后这里便成了京都通往福建沿海唯一的陆上通道，历代都派有驻军。商贾云集，百业兴旺，到明清已发展为浙、闽、赣三省边界重镇，遍布镇上的那大大小小古建筑，就是那个时代的产物。

除了古建筑，廿八都自然景观也十分秀丽，危石奇峰，竹木清幽，历史上闻名的仙霞古道，吸引了多少文人墨客，写下了一篇篇千古绝唱。还有明代守将郑芝龙、郑成功父子狩猎的“猎岭晴岚”，有怪石拿云、飞霞削翠的浮盖奇观。

著名地理学家徐霞客曾慕名三游于兹。

然而，随着现代交通的发展，铁路、公路已取代了仙霞古道，廿八都的地位就无可挽回地衰落下来。它是历史上一次伟大起义遗落在大山里一个多少带点苦涩的梦！一个迟迟未醒的梦！

# 橘子熟了

叶廷芳

45次特快列车过了金华站就向浙西的金衢盆地疾驶，进入衢州市的范围，南边那红土壤起伏的山峦和田垄上，满目是葱茏的橘树，有的还没有成年，有的则正在挂果，绿树丛中不时透现着斑斑色彩，那是采橘的姑娘们出没在树林间。这时，伴随着火车的节奏，我心头不禁想起了五十年代《橘子熟了》那首名歌，就像当年在北国我一听到这首轻歌曲，就想起橘乡的金秋时节一样。

车过“樟树潭”，一片广袤的平展展的原野出现在眼前：这是盆地中的盆地，是衢州有名的“千塘畈”，大自然给予衢州人的惟一的便于种庄稼的地方。如今这里与庄稼相伴的还有一片片四季常青的橘林和一座座砖瓦新盖的村落，此外还有一座庞大的化工城。哦，这果真是“千塘畈”吗？回忆的长丝不断把我牵回到过去，脑海中一再浮现出那个“万户萧索鬼唱歌”的荒凉景象。原来这个“畈”先前并不是种庄稼的米粮仓，而是个血吸虫的温床，曾经夺走过千万人生命的坟场。我小时候曾经两次穿越过这个地方，岁月洗不掉我的记忆。作为一个曾经也被这个“瘟神”袭击过并且也曾与家乡人一起与这一天敌搏斗过的过来人，看到今天这派景象，昨天上火车时被北方的寒冷冻凉了的心一下子就温暖过来了。

到了乡下的老家，这里的秋色更使我兴奋：以往从来没有人种橘子的这个村子，现在几乎家家成了业余的橘农，就连我自己的一对兄弟，各自就收了一千多斤；我的一个外甥则有五千多斤；据说本村还有三户人家上了万斤！年正花甲的姐姐对我说：“你小时候爱吃橘子，却吃不上，就到梦里去过瘾——

你不是说过做梦买了一大筐橘子，放在床底下，想吃时就摸一个出来……”哦，姐姐，你记得真清楚。是的，那时父亲患肺痨，每天早晨咳得不行，常去镇上买一二斤橘子放在枕边，咳得难受时就吃个把，用来镇咳，偶尔也递一个给我。我拿在手里摸了又摸，闻了又闻，总也舍不得吃……

我出生的这个村子位于衢北，坐落在崇山峻岭之麓的丘陵地带。七十年代以前衢州的橘园多集中在衢南，八十年代初，大家才种橘树。这一措施当然与衢北水利条件的改善，尤其是名扬省内外的大型水利工程——铜山源水库的建成有直接关系。于是，荒山被征服了！家乡人民的这一成就，不仅改变了农业经营的结构，丰富了经济生活的内容，而且明显地改善了生态环境，使衢州地区的森林覆盖面积达到总面积的42%，相当于全国平均数的三倍半。

我去衢县石梁区的一个橘乡，领略了一番橘林的喜人景象。我们站在约二百米高的山坡上，向下俯瞰，只见一垄长长的田地伸展出十几里之外，其间坐落着间距几乎相等的三个大型村庄，那一幢幢白墙青瓦的新农舍在午后的斜阳下闪烁着亮光，有一种明暗清晰的层次感；傍晚的炊烟还没有升起，显得格外宁静；但远远近近的“鸡犬相闻”构成一种立体的音响效果，透露着宁静下的活力与生气，让人进入贝多芬“田园”的氛围。再环顾周围，那马蹄形的、海拔三五百米高的山坡上，到处是密密匝匝、郁郁葱葱的橘树，焕发着蓬蓬勃勃的生机。

朱橘，个子较小，颜色深红如朱砂，是衢州正宗名橘，已有一千四百余年的历史，南宋以来就列为贡品。但衢州人目前种得最多、最为之得意的是“椪柑”，这个陌生的橘名近年来我才听到，它的特点和优点是个大、皮脆、味美，与蜜橘相比，它便于存放，而且越放越甜，一般农家用传统的保藏法可以保存到第二年的四、五月份。

一九八四年，衢州已成为浙江的第二产橘之乡，仅次于黄岩。在衢州市橘科所，我们又获悉：现在衢州已跃居为浙江省的第一产橘之乡，全年总产量三百万担，超过黄岩！一位市文联的同志不止一次对我说："下回你们换个季节回来吧，比如4月下旬，那时满山遍野都是橘花的世界，这种花洁白、清雅，朵小但繁茂，那时，即使在城里，也弥漫着它馥郁芳香。嘿，会叫你陶醉呢！"我立刻回答说："好啊！——不过还是等退休以后吧！"橘子熟了我回来尝，橘花开时我回来赏；这里是我童年的摇篮，这里也将是我暮年的归宿。

# 秋　颂

孔祥楷

平淡的生活中往往会因为一点点很不起眼的事，由心底翻腾起感情的狂澜。

一次偶然见到一个词——秋思，竟使我回忆起许多往事，多美的词啊！让人幻想出一首恬静的散文诗，一曲深沉的船歌，一幅清淡的风景画。我无法不想起故乡浙西，那片深情的土地，那夕阳，那秋夜，那绵绵细雨……

## 乌桕树叶红了的时候

乌桕树在浙西农村处处可见，树干的木质异常坚硬，树叶像把小小的扇子。当树叶由深绿转变为红色时，它的果实就熟透了，一粒粒黑黑的籽，壳硬硬，果仁雪白，可以榨油，这种油不能食用，但可做蜡。旧时，人们不知道由石油提炼白蜡时，南方的蜡烛就是用桕子油做的。北方有枫叶红了的时候，南方有乌桕树叶红了的时候，不同的是枫树没有果实，而乌桕树却给人们的生活带来光明和希望。

## 蓝蓝的天

稻田收割完，谷子归仓了，稻草却堆在田里。秋风刚起，带来山野小草的清香，我静静地躺在稻草堆上，注视着蓝天上白云的变幻。那富有立体感的白云变成一组组人物雕塑，缓缓地飘向远方，它们之中竟没有一个人给我留下名字。太阳自入秋以来变得温和多了，这时虽然亦显得十分明亮，但一点也不热了，只能叫人感到暖融融。我轻轻地挪动了一下身子，那馨香的新鲜稻草气息，沁人心脾。旷野里就我一个,空荡荡的田野与孤零零的我。

## 船　小河　桥

连接这个村庄与那个村庄的小河,本来是静静地流淌,白天只因匆匆来去的船只不停息地与小河讲着嘈杂的生活琐事打破了宁静。入夜了,船都回家了,只剩下小河自己,它也无需自言自语,于是只有默默地流淌。桥本来可以平平地跨过水面,但为船只过往,于是用长长的石条砌垒成高高隆起的圆拱。月亮升起来,在淡淡的月光下,这石桥就像生活艰难的老人深深地弯着腰……孩子去远方了。

## 夜　　泊

经历整整一个夏天雨水的充实,秋水已经涨满小河,宽宽地,平平地,在河床较深的地段,水变成深蓝色;而在河边水浅处,水变淡白色。这时,夜深了,河水变成乌黑一片,只有听到河水与石岸轻轻擦过的声音时,才能清晰地感到河在不远的地方。再往前更远的地方,可隐隐约约看到一点红火,那是什么?像一颗天上落下的星星,亦像为赶夜路的人而点的招宿小店的迎客灯。常在河边生活的人都知道那是夜泊的船家。那船太小了。船上有谁呢?

## 雨

秋天是本诗集,而绵绵的秋雨就是一首深沉的爱情诗。在这似有似无的丝雨中无需雨具,雨落在身上是一层毛绒绒的细珠。时间一长,石子路面变得湿漉漉了,从村庄里出来的人开始戴上大大的斗笠。“打伞吧!”可你不答应,要和我一起在秋雨中并行,把多情的秋天永远地留在心上。你紧紧地依靠着我,“冷吗?”你没回答,只是对我笑笑。细雨不知什么时候停了,但天际依然是深灰色的。我轻轻地捧起你的脸,吻了吻你那热热的嘴唇,“回去吧!我会给你来信的。”这时你哭了,但你不承认,说脸上是雨水。是的,是秋水,我脸上也有。

# 不恨相识迟

叶文玲

“花开堪折直须折，莫待无花空折枝。”说的是无花“空折枝”的怅惘。

“恨不相逢未嫁时”，也是我们所熟知的古句。对于一个相识已迟的“红颜知己”，一个“恨”字，道尽了无可改变的人生格局所带来的心理伤痛。

人生在世，总有许多遗憾。认识一个地方和认识人一样，迟识和错失的遗憾，常常发生。

可是，对于开化，对于这个名声鹊起的浙西山城，我虽然刚刚识得，却没有“恨迟”的惶愧。

难道是开化这个地方“不怎么样”？难道是我不喜欢开化？非也！

没有得识之前的开化和而今初识的开化，在我心中都是很“怎么样”的——换句话说，是很了不得的。

我什么时候始知开化？十数年前，老同学从美国女儿处探亲归来，阔别重逢的见面礼，即是一小纸筒茶，绛紫的筒面，龙飞凤舞四个字：开化龙顶。

我十分惊愕，笑着婉谢她的这份心意。可她一味固执：我知道你在杭州，当然有好茶，不过，这是学生刚给我先生送来的新茶，见面分一半！你一定要尝尝！

她怕我不收，找出晶莹莹的玻璃杯，马上拆了另一筒冲泡。碧清清一杯水中，嫩生生的茶芽，立时像一队含娇带羞的绿衣仙子，展臂舒袖地舞起了“水上芭蕾”。

这样的如诗形貌！这等的清芬之气！我捧着杯子，以从未有过的虔诚，一小口一小口地品着这佳茗……哦，真是少有的沁心爽人！

喝了这茶，我方知它的品味的确不让龙井，作为“贡茶”更是名不虚传。于是，我对开化的想象也开始出神入化了———能出如此好茶的地方，该有着怎样美妙的田园和山庄？

我什么时候又知开化？杭州河坊街重新开张那年，向来不舍功夫凑闹市的我，与老伴兴兴头头挤一身大汗去逛街，最终以在一间小店买得一只树瘤刻挖成的大果篮而归。

我忘了这果篮的价钱，只记得先后来问价的顾客没有一个像我这样爽快掏钱。我兴兴头头提着这大树瘤果篮一路开心，只因记住了店主的悄悄话：物以稀为贵，这东西，你上哪里找去？只有开化，只有开化的深山老岭千年古树才结得出这么大的瘤子！

店家“百货中百客”的生意经，我不懂，我只为自己得获了中意的工艺品而欢喜。每当端详这只果篮时，我便如幻如梦地想象着这个尚未谋面的古老神秘之地开化！开化，这样可意的东西只来自你，你该有怎样清幽的山林？你该有怎样的几人合抱不过来的大树？

我什么时候更知道开化？作协工会搞活动，大家计议去看这个“山”那个“泉”，有人出主意：要看，就去看看我们的母亲河钱江源！

主意是好却遭否定：要到开化去？太远了！

开化，开化，却原来，对你的拜识，并非说走就走想去就去的简便，却原来，要真正探知开化的奥秘，没有那颗寻旧友觅知己的虔诚之心，纵是去了也枉然。

好时节，晴和日，终于了却多年相思，我去了。

节令有“殷勤昨夜三更雨”的春气，天色是“照水红蕖细细香”的清明。就像殷勤探看的青鸟，更像回归阔别经年的故里家园，一颗心是那样的跃跃不已，一颗急切的心只载着一个字：快！快！

开化是那样从容，就像神态持重的长者，虽知我的急切，却将所有的表露，都隐含在慈眉善目的微笑和止于言表的凝视中……原来，我来探看开化的丰富，她也在考虑我的虔诚！

我从这时才知道，历史的年轮写在开化的脸颊，古老而幽深的丰茂却藏在她身后的大山里。我从这时才知道，当我试着学说着概括开化特点的龙顶名茶、金针菇、黑木耳、根雕艺术的四个“之乡”和“一片青山绿水，一茶飘香四海，一刀雕出乾坤，一硅飞向蓝天，一举享誉世界”的“五个一”时，我才发觉，在她的丰饶和生动面前，我不光笨嘴拙舌，连想象也因她的丰富多彩而显得迟钝和僵硬！

我学说的四个“之乡”和“五个一”，当然是拾人牙慧的鹦鹉学舌。当我渐渐进入开化的怀抱，当开化以淡淡妆天然样的本色姿容，亭亭玉立在我面前时，我发现，开化果真是碧色无双的大自然，开化是一位肌肤白皙体态丰润玉立于泱泱莲荷中的少妇；开化她双髻如螺高，青丝如瀑长；开化她青衫青袄莲叶裙；开化她头上的簪子脚上的鞋子整个儿都是浅浅深深淡淡浓浓碧碧绿一色！

在人人向往与自然森林相亲的当今，在城里人变着法儿要去“氧吧”享受好空气的眼下，这派浓得化不开的绿色，就是上苍对开化的最佳赐予，这样的福地就是当今人类最艳羡的所在。开化，开化，怪不得你有如此这般好名字，原来你是山大开水长流，自然最大化，你能让天下人尽情享受天然氧吧的浸浴，你能让所有的来客都能在碧天绿帐的大天池中，尽情酩酊最美丽的大自然哪！

我走进了开化，开化首先教我一饱眼福的，是以“醉根”冠名的根雕艺术馆。

自以为在海内外看过太多根雕，自以为这这那那的根雕都不会让我过于惊奇。但是，当“醉根”的主人哗地敞开馆门时，我还是不由地赞声连连了：你看这神态各异的五百罗汉；你看这“巨型”得可躺上两三人的大茶台——或许该叫个“大茶床”？还有那无数千奇百怪的精品绝品，当然，最迷人的就是那些没有冠名而让你想象无限的根桩。看着它们，你真相信是“醉根”的主人徐谷青得了神助，不然的话，缘何成千上万座奇根崛石大树桩，就像得了缪斯命令似的从四面八方集合到他门下来？

根雕是化腐朽为神奇的艺术，根雕的“根”来自山林大自然。黄金有价自然无价，收藏了无价自然的徐谷青，当然是比上榜福布斯还牛气的富翁。徐谷青的“原先”，是地道的山民，醉心根雕的历史整整二十年，现在，蓬勃于事业中的他，随意的穿着和不善应酬的秉性，依然脱不开山民的那股粗犷和纯朴。当他在正大兴土木的上接山泉下辟茶园的大艺术馆的卵石道上，倒背双手眯缝着双眼徐徐走着时，我忽然发现：这个肌肤糙黑身躯精瘦有着乱蓬蓬须发的徐谷青，好像就是天公地母和开化山神造就的一座大根雕！

我仿佛在这时才识得了开化，原来，开化就是慈心无边的大自然，开化对于全心全意热爱她呵护她弘扬她的儿女，会以大刀阔斧的雕琢和馈赠，还她钟爱的儿女以最大的慷慨。

我走进了开化，来到一个叫何田的乡村。

初听这村子的芳名，我马上来了心劲：江南可采莲，莲叶何田田。何田，何田，将有何等美丽的情境？主人紧接着就告诉我：这何田，不仅仅是名字好听，到那里，你还将吃到最可口的鱼。原来，何田是此间最有名的清水鱼之乡！主人说这儿的鱼味美，在于它毫无泥腥气，在于它是源头活水养育的。

来自海边小镇的我，是属猫的，对于鱼的爱好完全可以舍熊掌之惑。于是，当我在细雨的伴奏和清幽的暮色中走进福岭山麓、走进这个叫何田的村子时，我自己就像一条鱼儿般欢活起来。

顾不得细看“清水鱼生态园”漂漂亮亮的别墅型房子；顾不得细看生态园那大棋盘似的鱼池分养的各色观赏鱼和食用鱼，当天上的密密雨滴与塘中的鱼儿水泡，已经织成涟涟的珍珠，当福岭山——金佛山深浓的丛林黛色，为它怀抱中的这座乳白墙垣绿纱窗的“生态园”，越发勾勒出“疑是天上宫阙”的模样时，我与同行要来了主人的钓竿。此时此刻的垂钓，早已不仅是钓运和口福的期盼，而是地地道道的“人疑天上坐，鱼似镜中悬”的幽赏之乐。

到底是何田“清水鱼”——抛一根细线，夹一片青草，不消片刻，那三四斤重的大草鱼就泼啦啦地上了钩！一条一条又一条，欢声四起时，大家笑说何田“清水鱼”真乖，真为它的主人为自己的名声壮脸，何田“清水鱼”的别名应该是何田“好客鱼”！何田“懂事鱼”！

我在大家的说笑中再次感悟了开化——开化原来就是既慷慨大度也美味无穷的大自然。山林在地，就教它幽密如帐绿得淌汁；鱼儿在水，就教它清澈见底而又鲜嫩无比。

煎鱼、烧鱼、烤鱼、清炖鱼，记不清上了几碗几盘几盆，也形容不了它的美味，眼饱肚饱时，只一句馋鬼的俚语潜上心头：何田清水鱼，真教人连舌头都会一块吞的！

我走进开化，最大也最终的诱惑，是旅游广告词“食何田清水鱼”的上一句：“游开化钱江源”——不去探看钱江源，等于没到开化。

与水有着不解之缘的我，从来不厌对江河湖泊的探寻和赞赏，小溪九道弯是我故乡的景致，也是我曾经为之精心经营的中篇小说，而梦里流水声更是我生活和写作的灵感源泉。

就这样默忆着旧时梦，就这样谛听着流水声，走山道，踏小径，行过农舍行过丛林，一路上，高峰低谷，但见云烟袅袅，一路上，近处远处，随处可听山泉潺潺……无庸主人细指点，我已会意：寻访钱江源，就是一路诗梦，探过钱江源，诗梦更酣甜！

哦，这就是钱江源，这深深的峡谷间，这浓浓的林帐中，一条细细的水瀑从天飞泻，一条清清的山溪接着就宽宽窄窄九曲回肠地跳过岩头，越过涧石，跌跌宕宕地汇聚到一个清澈见底的水潭，竟有九十九道弯！

说“九十九”，那当然是我的臆测，忘情而痴迷在源头的我，只记起了九是我们对数字的最高颂扬，一条被冠以我们浙江母亲河的钱江之源，最合适的数字当然可以是九十九！

还用比较这钱江源与天下的名流大川哪条更壮美吗？还用形容这钱江源是如何奇诡怎样多姿吗？人对自己母亲有着怎样的崇敬，人对母亲河的源头就有出自心裁的赞美。

最高的赞美常常无言，人在这时常常只用惊叹来替代。

于是，我也把最大的惊叹再次赋予了开化，开化原来就是不须遮掩不须妆饰清流不断的大自然！

我走进了开化……哦，我其实只是走近了开化的一扇窗一只角，竟就这样忘乎所以地大叫大喊。我知道，我的老毛病又“发作”了。

我的老毛病就是：总是自认山水知音，见了好山水就害单相思。

疗法只一个：铺开稿纸，泡上一杯龙顶，将对开化的全部怀恋，都溶缩在这杯清清的茶水中。

# 衢州的魅力

黄亚洲

作为“首届浙江作家节”的一项重要文学采风活动，六十余位作家十月中旬将启程专访浙西。

为什么要去浙西？原因简单，因为今日衢州变化神速，那里不仅在叙述纯净和淳朴，更是在叙述发展、智慧和建设，那里真是日新月异，正如起源在那里的钱塘江，从细流开始，每日每夜都在激情地奔向开阔和豪迈。

那里的烂柯山特别会讲解时间的奥秘，那里的廿八都镇会生动地展示民俗的流变，那里的巨化在高奏旧厂换新颜的乐章，那里的胡柚生产基地在散发“南孔故里”的芬芳。我们真的不能不去浙西，浙西的人民特别质朴和勤快，特别坚韧，特别善于负重，从那里的一家县级举重训练馆里走出一个世界冠军占旭刚，完全是不奇怪的。

有四十余名本省作家和诗人兴致勃勃地相约去浙西，他们当中有不久前荣获中国“茅盾文学奖”的王旭烽，有被称为“秋菊爸爸”的陈源斌，有刚出版了力作《长歌行》的廉声，有以《爱人同志》闻名文坛的年轻作家艾伟，他们也不止一次地踏访过浙西，但是他们还要去，他们说那里的历史几乎每一天都在呈现川剧的“变脸”艺术。

省外的二十余名著名作家也将加入到我们的“采访团”中来。他们也听说过既神秘又坦荡的浙西，所以他们跟我们一样兴致勃勃。他们当中有栽培过《红高粱》的莫言，有耕种过《白鹿原》的陈忠实，有经历过《蹉跎岁月》的叶辛，有敬献过《高山下的花环》的李存葆，有深刻勾划过《曾国藩》的唐浩明，也有高声放歌《幸福时光》的年轻作家鬼子。他们都说很想结识衢州的领导以及那里各条战线的杰出人物，他们知道孕育了神奇的江郎山的衢州，自会捧出许许多多的同样神奇的故事。

作家要创作出具有强烈的乡土气息的优秀作品，必须尊重生活，深入生活，贴近生活，必须正确而深刻地感悟时代，而这一趟内容丰富的“走进浙西”，就是其中一次实践。我深信这次采访活动一定会使各位作家的背囊沉甸甸的，我惟一的担心，则是大家能不能按计划准时返回，因为那里的山川和人民是特别容易教人陶醉的。当年，“烂柯山”里那根不慎烂掉了的斧柄，就是一个例子。

# 通衢之州

张抗抗

由杭州往浙西行，至建德，过新安江大桥，再经寿昌南下，便是素有“四省通衢”之称的衢州市了。

若是直插衢州城东南百里外江山市境内的仙霞岭，可见当年黄巢起义时，因转战浙闽而开辟的七百里古道遗址，至今雄关守踞，不负“东南锁钥”之名；古道铺砌方石路面，沿峭壁深谷曲折盘绕，横跨浙闽，翻过岭头，即趋福建浦城。仙霞关乃“入闽咽喉”，为历代兵家必争之地。

衢州北接皖南，西临赣东北，南达福建，是沿海与内地重要的交通走廊和门户。

在许多年里，衢州默默无闻地被封闭在浙西的崇山峻岭之中，如同那条被萋萋芳草掩埋和遗忘的仙霞古道。

它终于被重新确认为全国历史文化名城，是九十年代的事情了。

就像乌溪江上游的水库，在澎湃的雨季升起了巨大的闸门——衢州决不会轻易放过历史给予它的机遇。衢州一旦开闸放水，被积压了多年的希望和智慧，便如山洪汇集，爆发出惊人的合力。

我亲见衢州敞开城门后的风貌，是在颇为壮观的乌溪江引水工程工地。

衢州位于千里岗山脉和仙霞岭山脉之间的金（金华）衢盆地。守着衢江和乌溪江，衢州的山地依然干旱缺水。衢州要想真正成为四省通衢的经济文化集散地，衢州要名副其实地奔向小康，就必须将衢州的水网率先修通。衢州人民盼水多年，市委市政府决策一朝。终于，从一九九〇年开工兴建的引水总干渠，横跨金衢四县一区，全长八十三公里。其中枢纽工程需建拦江大坝、渡槽、隧洞、倒吸虹等大型建筑物三十一处；地下排涵、排渡、分水闸、公路桥等三百四十多处。还需建设全长五百多公里的配套支渠三十九条，才能组成衢南灌溉网络。

这项被人们誉为江南红旗渠的乌溪江引水工程，却恰恰诞生在一个充斥着急功近利的短期商业行为、人心浮躁而涣散的年代。

国家虽有部分拨款，但主要依靠衢州地方集资，几乎不可思议?然而三年过去了，如今当我们在衢州市副市长姜宁馨的带领下，登上高高耸立的拦江大坝，只见乌溪江引水工程系统，在蓝天下浩浩地铺陈开去，将那片延绵的山地，从容不迫地切割成有序的条块状，如血管贯连，赋予古老的衢州一次激情的新生。

以汗水、以热血、以衢州人心中千百年来的愿望。

从此，灌溉用水、工业用水、生活用水，丰水期的综合利用、配套建设的小型电站，随之带动的第三产业……整整一盘棋，忽而就全都活生生地跃动起来。

那是一条奇特的通衢大道。清泉活水灌注的大道。

那是一条真正的富裕之路。造福于衢州的子孙万代。

其实衢州原本就是个清渠环绕、水系布局严谨的古城。早在宋代，便有湍湍清水，自衢江和乌溪江引入，筑古渠横穿城中，经四方护城之桥，汇入沟濠注入内河，织成硕大一片盈盈水网，四季不涸。

那古渠至今已有八百余年，凿于山岩峭壁之下，静悄悄一带碧水，蜿蜒流淌，清澈见底，悠悠然缘城而过。渠壁袒露着赭红色的砂岩，已被水流磨得光滑而坚韧，像一件保存完好的文物，向世人默默展示着衢州如水的通达。

所以，衢州人修建乌溪江引水工程，也许只是一种历史血脉的延续。那一千个日日夜夜，四县一区的平原山乡、城镇村舍，有钱的出钱，有力的出力，自带干粮的民工如潮如流涌入工地；骄阳烈日、风霜雨雪，这里不是挣大钱的地方，自愿投入的是资金和血汗；人人都有一份迫切的期待和责任，然而人人都深信不疑：这一场辛苦的丰硕回报，来日将从渠里的清水中源源不断涌来……

这是衢州人的家乡。他们相信，世上最靠得住的，还是自己。

孕育了乌引工程的乌溪江，从上游的青山冷坞中缓缓奔泻而来。每一粒水珠都遍染翠岭之绿，水清至深，又分明绿得透彻；绿到极致，便从那翡翠般的深处，闪现出一波一波黛青色的光泽——乌溪江，好媚的名字，犹如美人的一头青丝，若隐若现地在群山中荡漾。顺江依次而建的四座水库和电站，像是美人挽起的发髻，当乌溪江融入夜色之时，那云鬟上的珍奇珠宝，与星月同辉，照亮不夜的衢州。

既是通衢之州，必有八方来客。电厂办起了乌溪江旅游业，从黄坛口水库乘坐游艇，可达上游江心的湘思岛。岛上果木葱茏，林深处建有一座座风格别致的木屋石屋竹屋，乌溪江静静从窗口流向山外的远方；远方的客人，在这里尽享被衢州人悉心呵护的自然……

所以热情豪爽、以务实著称的衢州市市长郭学焕，总是一遍又一遍地重申衢州打开“五门”之必要。“五门”即：山门、地门、城门、脑门、闸门。他说无论忽略哪一道门，或是半开半闭、开而又合，衢州乃至整个中国，都无法成为真正的通衢之地。

尽管衢州古老的城墙一角，仍被精心保留，围棋圣地烂柯山，天生石梁万年不朽；江郎山上奇异的三爿石，依然摩云插天；尽管南宋时期孔子第48世孙衍圣公孔端友，随宋高宗南迁，钦赐衢州定居后所建的孔子南宗家庙，已被列入国家级文物保护单位——但这座历史文化名城今日之辉煌，却在衢州人无言的创造之中。

也许没有很多人知道衢州，这座从北京到福州铁路的必经之城。然而民航班机的轰鸣，已经在衢州的上空响起，恰如衢州有一个叫做龙游的地方，寄托了衢州多少代人云飞龙腾、飘逸超越的梦想。欲取龙游地名的吉祥之意，愿这通衢之州如巨龙行空，潜龙入海，翻一个身，打一个滚，洒下黄金般的瑞雨，汇入浩荡的钱塘江。

据说乌引工程至八月一日正式通水。洪水刚过，便是旱季。一江四库的乌溪，真的“龙游”起来，衢州怎么能不四通八达呢？

# 衢州一绝

张抗抗

衢州一绝，在衢州城外三十几公里一个叫做小南海的村子里，紧临衢江。

这千古一绝，县志与史书竟无记载。因而格外地扑朔迷离。

它在那小村边，十分耐心地安睡了、等待了很多年(究竟多少年尚无证可考)。一直到1992年3月. 有4个胆大妄为而又雄心勃勃的青年农民，执意将它撼醒。它敞露胸怀时，竟无意中惊扰了衢州这方宝地的历史。

汽车沿着低矮的丘陵下窄窄的小路进村时，只见路旁的岩石下，隔一段便露出一个紧贴地面的石洞，洞口呈拱形，半人多高，洞中有水，水平如镜。几乎齐着地面，往黑黢黢的石洞深处延伸过去，在洞中漾成了一片神秘莫测的水塘，幽幽碧绿，清澈宁静，深不见底。

可望见一根根巨大的石柱，立于水中，只露着顶部那一截，与石洞相连。村里早年曾有一座香火很盛的寺院，供着一尊玉佛，后来玉佛不知去向；又传说那石塘里有大鱼潜行出没，百十年来，村里游动着关于玉佛和大鱼的踪迹。

那4位名叫邓手富、吴阿奶、毛荣贵、陈龙根的年轻村民，在九十年代初的某一夜，其中一人做了一个梦。梦见那尊玉佛竟是落入了洞里的水底，被鱼儿们日日朝拜着。醒来后，他将那梦说给伙伴听，听得人心起伏，骚动不安。大家都想. 若是把那尊玉佛打捞上来，岂不是可以一家伙就先富起来了么?

具有了改革十余年后的致富意识，再加上一点点起码的文化，那一年，过了正月十五，四位青年农民说干就干，竟然筹得二万元集资款。租了两台水泵，架于村里最大的一个石洞旁，开始从塘里日夜抽水。抽了几天以后，水位略略下降，隐隐露出连接着洞顶的三根方形石柱，似乎预示着一个于古之迷将被揭秘。而后水位却迟迟不再下落，抽水机犹如面对着一个无底深渊，一口气吞吸了半个月，塘水依然浩浩荡荡，取之不尽。四人守在洞旁．方知此洞之深阔，不可小视。但今日的农民毕竟已懂得投资的必要，不急不恼，干脆又租了一台水泵来。三管齐下，村里终日马达轰鸣，不寻见玉佛誓不罢休。终于有一日，塘干见底，4人喜滋滋搭梯下于十几米深的洞中，只见大鱼无踪，泥里只静卧着几只肥硕的大甲鱼，似已修炼成精；果然还有一尊乌溜溜的佛像，形似地藏王，由泥水中看见天日，却非玉非金，只是一座工艺粗糙的石佛，石像上遍寻无字。

石佛虽然让人失望．但终是出“水”文物。四人草草搭棚建房，当年十一月，在小南海村口卖起了门票，供人入洞瞻仰。镇政府闻讯而来，言明古迹乃国家资源，不属任何个人所有，又召集几方合资经营，开始将小南海村这个无名石洞严加整护，并将4位村民前期投资的二万元归还于本人。念其“发现”之功，又将他们吸收为工作人员，共同开发管理石洞。小南海村四位乡民致富的欲望，歪打正着地发现了这一埋没多年的历史遗迹，为衢州历代的经济沿革提供了新的资料和左证，也就此为衢州开辟了一个独一无二的旅游景点。

沿着新铺就的石阶往洞中拾级而下，只须一瞥，你便不能不惊讶了——

它绝非我们曾经游览过的那种种奇异的溶洞，而是一座绝无仅有的中国“古希腊神庙”。

气势恢宏的洞厅约一千余平方米，洞底平坦，中央间隔数米，独自立着三根十几米高的石柱，呈扁圆形，连接洞顶的石壁，上下浑然一体。细看，那石柱上留有凿刻的道道刀痕；犹如三座线条简洁明快的抽象雕塑，颇富现代感。洞的四壁陡峭笔直，棱角分明，一排排宽约尺余的长方形石纹，极有规律地横向伸展，构成了洞壁凹凸分明的浮雕状奇观。昏暗的微光下．仍可见壁上依稀的动物造型石刻图案，从被农民们急急清洗掉的青苔残迹中显现出来……

最为奇特的是，据测量证实，偌大的洞顶，呈四十五度斜坡，向四面缓缓延伸，构成一座巨大的屋顶形状，且有石柱支撑，坚固得十分科学。

洞内凉风飕飕。话语被四壁弹起嗡嗡回音，如空谷传声。洞的一角供奉着那尊石佛，已被涂成红色。烛光香火袅袅，与高高洞口泄来的一丝天光，交相辉映。

顺着洞壁一角的亮处走去，穿过石廊，尚有另一个略小些的石洞，与这连通。水已抽干，并搭起了脚手架，正待清理修葺。

据开发后的勘查表明，这样的石洞，在小南海共有七八处之多。

有句话说：天工人可代、人工天不知。小南海的石洞之奇之妙，在于它绝非天然溶洞，而是一项浩大的工程，系人力开凿而成。

当年为什么要在这里挖如此巨大的石洞：它究竟是用来作什么的呢？

水落“洞”出，而沉积的淤泥，却留下了重重疑团、弥弥烟云。

亲率我们前往小南海参观的衢州市副市长姜宁馨，几乎在我离开小南海前的最后一分钟，才抖开这个“包袱”。他说，据多方专家们论证，小南海周围的地下，蕴藏着丰富而优质的石料，村子面对衢江，以船运石也极方便；这石洞便是当年开山取石时，被能工巧匠们，在极其严格而科学的布局中，有意设置留下的一个个“石”屋。但至于那石料运往何处、这石屋真正的用意、以及采石的具体年代、这尊石佛的来龙去脉，目前尚不得知，有待进一步考证。

只能想象当年的小南海，终日回荡着叮叮当当的采石声，江上船来船往……

仍然不解，既是如此浩大的工程，县志上却为什么没有记载呢？

更离奇的是，小南海的村民，祖祖辈辈，竟也没有留下关于采石的传说。

恍恍惚惚走出那个石洞时，我觉得这“衢州一绝”，仅仅是一个年代久远的故事开头，谁若有兴趣去探秘，没准能把“古希腊神庙”的故事接着讲下去呢。

# 有一个地方叫江山

高洪波

江山是浙西的一个地名。

据说江山叫江山已近千年了，还是五代时以保境安民著称于世的钱王改定的名称，这真是一个吉祥而又充满象征的地名，况且出奇得美丽。

随"走进浙西"作家采风团在小雨中走进江山市时，已是暮色苍茫时分。夜里聆听秋雨飒飒，居然将一天前在三衢石林的大热感觉驱赶得一乾二净。江山一夜，睡得好甜。

起个绝早，大概刚刚六点，手机有短信发来，一看直乐，敢情是"奉献左腿"的黄亚洲在病床上发来的问讯。他为筹备这次"浙江首届作家节"而殚精竭虑，不幸左膝粉碎性骨折，打满了石膏的腿直且硬地将亚洲固定在病床上，但他凌晨4时发出的短信让人温馨无比，江山之行就这样拉开了帷幕。

先结识了陈钟，一个极干练的市委书记，他为作家采风团致辞时大汗淋漓，让我好一阵纳闷，后来一聊，才知道匆匆忙忙喝了两碗稀饭赶来，心急火燎，热的。

我们先登江郎山，江郎山是由三座山峰组成的一道风景，民间传说中是兄弟三人的化身，实际则是典型的丹霞地貌，结构类似武夷山。初走江郎，还以为与那位"江郎才尽"的江淹有关，一了解此江郎不是彼江郎，神笔仍在深山中，才放了心。一场秋雨，也是喜雨，雨中登山，自然别有一番意趣。

途中，陈钟书记与我聊乒乓球，他刚刚夺得一项冠军，正踌躇满志之际，我恰恰也喜好这项运动，谈得兴起，几乎要放弃登山立马过招，这当然是不可能的，可乒乓球一下子拉近了我们的距离，这有点像中美二十世纪七十年代的

“乒乓外交”，小球可以推动大球，让两个发烧友一见如故是再正常不过的了。

登上江郎峰时，顿感云雾中的三兄弟挺拔俊伟，难怪当年辛弃疾以老二亚郎峰自诩，也难怪徐霞客曾三访江郎山，此峰的确不让黄山秀，不逊武夷奇，较之张家界的天子山，也堪可自傲。三座山峰比肩而立，参差不齐，烟雨中有一种突兀奇崛之感。再远处有一峰若笔，导游叫大家快看，慢些就会被云团遮住，那端的是天地间的一支巨笔！

在老二和老三中间，是一处称为“一字天”的峡谷，谷深近三百米，高也大致相仿。我们兴冲冲走入“一字天”，雨马上小了许多，走在谷底，听山风远遁而人声喧嚣，又仰观高天开出的一道椭圆的缝隙，感到这江郎山真真妙趣无穷。峭壁上有石斛和石耳，还有白莹莹的石米，全是上好的药材，只是无人敢去攀采。正欣赏间，突然眼前一亮，一道彩虹沿山峰浮起，把椭圆的山型镶嵌起一圈彩框，这奇异的景观在我是平生首见，导游也说自己工作五年了，从前只听说过江郎十景中有彩虹一说，如今一见也对得住自己这份工作了——当彩虹浮现时，我以为天已放晴，是日光折射的缘故，出得峡谷才知雨丝仍在飘落，这奇异的彩虹由何而来？只能让天文学家去解释了。

这次雨中走峡谷，谷中逢彩虹是江山之行不可不记的一次经历。江山产上好的蜂蜜，出一流的水泥。江山还有名茶“江山绿牡丹”，被浙江茶人王旭烽女士赞为纯女性的茶！江山物华天宝，但江郎山却无愧为江山第一，都说南国山水多妩媚，此地却充满阳刚之气，三兄弟笔直地站立千万年，把云霞烟雨和峡谷奇虹高傲地揽在胸中，把松竹梅和江南丹桂一古脑儿披在肩上，放出阵阵幽香，真是“江山如此多娇”。

告别前为陈钟书记留小诗一首：

千古江山藏神笔，
百代风华孕奇诗。

曾经几度湖海客，
最忆郎山秋雨时。

写毕，与陈钟约战，同时不无妒忌地说道："能在江山当父母官，真是莫大的荣幸，守定江山，保住江山，坐过江山，多自豪！"

在浙西，有一个地方叫江山。

# 通衢通衢

舒婷

衢州的“衢”字真难读。我拿着衢州市政府的邀请信求教于老爸，老爸不仅一口读出它的闽南读音，还告诉我，衢州位于浙、皖、赣、闽四省接壤地带，当年可是政治、军事、文化中心，昌盛得很。先祖春稼公从京城授官回来，就在衢州府换马。后来，我到了衢州古城区，果闻此事，原先这里就是旧驿道。

衢州深入大陆腹地，既是它的优势，也是它的局限。“无商不富”，经济上显然没有沿海发展快，旅游事业也有“养在深闺无人识”的悲哀，但是它的生态环境、民情风俗、地方特产因之得到了完整的保护。当今旅游热点已从黄山、庐山等经典望族移向小家碧玉武夷、三清、雁荡，将来的趋向则以搜险猎奇为主。

衢州的潜力在于将来。

衢州多山，大山、深山、老山，雨水充沛则林木绵亘葳蕤，不但物产丰富，也盛产传奇故事。小时候，我从外婆那里听到的民间传说，十有八九都能在一本《衢州民间故事集》里找到大同小异的同题翻版。

听说这样一则神话：“晋王质进山砍柴，入一山洞，遇两童子对弈。王观棋目眩神摇，棋局未终，其所带斧柯已腐。急返家，乡人皆不识，父老兄弟逝已久，竟已历多代。”这故事，就发源于衢州烂柯山的石室洞。洞极宽敞平坦，仙人坪就在洞中，人在石棋盘上行走，自觉渺小，无论如何左右纵横，不过小小一粒棋子罢了。

普天下，几乎有山的地方就有“一线天”，唯江郎山的一线天最为绵长均匀。当地人叫“小弄”，就这样把苍穹弄成一拱巨长的裂隙。穿堂风时时驱来乳岚，刹那间蒙面而来，两旁菅叶树姿水声白蒙蒙不知所踪。不过片刻，抽身而去，山复青青复盈盈，风纹丝可辨。

江郎山的代表作是“三峰列汉”，三爿石峰以川字形壁立，拔地而起，在那样秀丽柔润的洞天福地里，不知怎的生出一份高冷傲来，令人动心的沉郁。或者那个才尽了的江郎，就是把笔搁在与他同名的山上？怪不得人说那三峰如笔，还有两支是谁的？

山间所食，不外山猪、石蛙、野兔，却有一味“地老虎”被山民力荐，说大补。问：穿山甲？刺猬？獾？皆否。只说其夏食竹根冬食老鼠，深匿地洞，浑身乌黑，状极肖猪。众人大啖，讨论许久，不得其详。

雨中上仙霞岭，山姿更加细腻些，树也淅淅沥沥地多情，唯脚下打滑。据记载，这里原是历代兵家必争之地，当年的红军游击队也在这里活动，但我们毫无雄心，刚到第一关，就借口观赏柳杉合抱的“双宝树”，歇脚喝那山泉冲泡的绿泱泱绕鼻三日不散其香的山茶。

同行的军旅作家杨闻宇径直朝前去了，《光明日报》记者韩小蕙被山水所蛊，梦游般尾随其后，两人竟连越五关，直翻过山岭，走入福建道上去了。我等遍寻两人不见，大急，主人连遣数名壮年男子，大呼小叫奔跑拾级而上，皆沮丧而归，只好在各乡广播找人。雨越下越心慌，大家编出无数山魅、狐仙、英雄救美人的聊斋新编来压惊。等两人施施然原路返回，气不过，诬陷他们“私奔”。杨闻宇老实，结结巴巴辩白不休，唯小蕙沉着，莞尔一笑罢了。

衢州的水源那样丰富，一到乌溪江水库，觉得天下的清水都汇到这里来似的。发电厂年轻的厂长以手扶闸，说：“只要这里一拉闸，福建有三分之一的地方将漆黑一片。”我打了一寒噤，赶忙出声制止：别！

库区有湘思岛，草屋竹楼独立，玲珑可爱隐于花木之间，同行林斤澜及蓝翎先生即刻心有所属。但斤澜小筑与蓝翎轩均门窗紧闭，遂马步雄踞台阶上昂然拍照，好像国旗插上月球那样宣称此地有主了。

往白鹭洲看千年古樟，沙洲上素禽点点，不知白鹭否？一条清浅溪流因为雨季丰盈成奔河，两岸秀树半倚水中。农妇水边捣衣涤菜，回想插队知青生涯，不觉出神。忽然“哞”一声，腰背被轻轻杵了一下，原来是老牛求让路。

最让人百思莫解的是龙游新发掘的地下洞，洞口很小，里面宏伟空旷，与洞顶成45度角向地下深入，撑以巨柱，平整光滑，全部由人工凿成。至今尚未考察出，哪个朝代为了什么用途而耗费如此巨大的人力。

离开衢州前夕，市政府设宴荷花宾馆为我们饯行。每人分数册衢州旅游、物产、历史介绍手册，这才知道，这一周来虽然每日早出晚归，以为踏遍衢州大地，其实所游览都不足衢州名胜十分之一，尤其“叶氏古建筑群”、“江山文昌阁”、“陈岭溶洞群”，听名字就有多诱人，岂不跌足大呼上当。

市长殷殷邀请下次再来，答：想固然想。但回去须一拔嗓，二临帖，三练酒量。三关既过，便可通衢也。

# 渴望迷路

韩小蕙

经常浩叹自己处在简单之中。

你瞧，每次填写个人履历表，准定的就这么三句话："初中毕业进工厂做工，八年后考入南开大学读书，毕业后进光明日报社工作至今。"对于一个写作的人来说，这多么单调多么贫乏多么的不丰富多彩。心里就想着：这真是一种人生的大损失，失掉了多少别一种生活的感受？

现在则更完了，每天的人生轨迹，更简化到两点一线——从家门到报社门是两点一线的半小时的骑车路，从约稿到编稿是遥遥无终点的一条无限延伸线。两条线都很笔直，中无任何曲折、坎坷、回环，更谈不上沼泽、陷阱、悬崖绝壁，平坦则平坦矣，却因没有了任何波澜而索然无味。

不由得就着起急来。眼见着女儿一册书两册书地一路读了下去，眼见着街头的花草红了一片又绿了一方，准知道韶光又飘忽了三百丈，岁月又增添了抬头纹，生命之河就这么无声无息地悄然逝去，真个是叹年光过尽，书生老去啊！

心里就觉得空落落的，不是滋味。行行复行行……生命的衰落是什么？人生的沮丧是什么？不是岁齿，不是年轮，而就是这种了无新意、轻车熟路、苟且的重复。

不由惧怕起来，想要打破僵局，推开屏障，让血重新青春般地灼热。有一天，就不打"的士"，也不坐公共汽车，只骑着自行车，箭一样地驶向三十多里外的北京大学，当年我做青工时就天天这么跑来跑去。还有一次，在大庭广众之下登上台，放开音量唱了一曲《康定情歌》……只觉得浑身痛快，心里格外放松，自己跟自己做了一回对战而胜之，有一种冲破了什么的兴奋感。

然而当夜幕降临，抬头仰望湛蓝深袤的苍穹，那个巨大的问号却依然还挂在上面。是啊，小小的七寸砖头，怎修补得了生命的长城？

因此就格外强烈地有了一种逆反心理，竟然幻想：要是能出点事有多好，哪怕能迷一次路呢？

就渴望迷路！

## 二

路却不是那么容易迷的。

别说大都市的北京，每条街都是东西南北，横平竖直。就是偶尔到外地去跑跑，也有当地同志照顾周详，唯恐有个什么闪失。这也就渐渐形成了一身的娇气和惰性，怕风、怕雨、怕雷电冰雹，怕苦、怕累、怕超越规矩，任凭惯性，失了勇气，不再敢投身到不可知中去冒点什么险。

人整个地觉得萎缩，却就是站不起来……

今年春天，应浙江衢州市政府之邀，去采访这座旧貌换了新颜的古城，竟意外地在大山中迷了路。

那天阴翳蔽日，细雨蒙蒙，我们一行十多人，去爬当地名山仙霞岭。

仙霞岭在共和国的版图上，虽然渺小得连一个蚕卵般的小黑点儿的位置都占不到，但是置身在它的山麓皱褶里，还是被它的气势所震撼。它其实并不陡，无有黄山的断壁削峰，也不高不险，满山绿树，绵延着就上了山。它的奇绝在于大山中间，有着一条丈宽的竹林碎石道，这是当年黄巢起义军走过的路！黄巢军在这里修筑了四道关城，阻碍了官军的追杀堵截。不但如此，据说后来这条路被一代又一代开凿维修，直到如今，还一直从浙江通往福建。如果靠脚板走的话，三天三夜就可以走到。

下午两点多，我们一行人登上这条英雄路，去寻觅黄巢军的悲壮业绩。

路隘，林深，苔滑。没走上几步，大队人马就被迫化整为零。我和西北军旅作家杨闻宇边说着话，边跟前面的张抗抗几个人拉开了距离。到了第二道关城，抗抗他们一闪身，就消失在浓浓的密林之中。

我和杨闻宇拔脚就追。

风摇曳着竹叶，雨洗刷着碎石，路的确很难走。我们一会儿出一身热汗，一会儿又浇一身冷雨，气喘吁吁，一直越过第四道关城，又往下追了一个多小时，仍不见他们的踪影。其他人也一个都不见了。偌大的山中，就好像只剩下我们两个人，余下的，就是偶尔从空谷传来的鸟鸣。我们不知是怎么回事，又怕被人嘲笑落后，只好闷着头一路追过去。

就这样竟翻越了一整座大山！

一问当地百姓，我们已走入另外一个县境，唯一的办法，是原路折返！

不知杨闻宇是什么感觉，当时我的心里是真慌了：已是下午四点多了，山色已微微发暝。陌生的山，陌生的水，陌生的路，若在天黑前走不出大山，那后果真是不堪设想。一时间，豺狼、野猪、毒蛇，甚至某年在这里曾出现的一只老虎，都一起在我脑中显现出来，构成了一幅阴森可怖的深山夜迷图。

心造的幻影。是吓唬自己的最可怕的妖魔鬼怪！

一座几乎是飞来的大山，就这样突然横亘在我们面前。

一点思想准备也没有，也没有任何缓冲的余地。什么援助也没有，没有任何依恃，没有任何法子可想，出路只有一条——靠自己的双脚，一步一步再走回去！

它才不管我是北京来的，我是大报的记者。我是衢州市政府的客人，我是体重不满百、已经走了那么多路、完全筋疲力竭的纤弱女子。在大自然面前，人类是微不足道的，你想生存，只有靠你自己的毅力、决心和行动。软弱没有用，哭也没有用。

所以我不敢软弱，也根本没有工夫哭。只能老老实实地迈开双腿，再次踏进大山的皱褶。

这一回，心情全然不同了，就从大山的皱褶里，读出了非常的严峻、非常的酷烈、非常的刁难。

雨下得更紧了。雨丝虽然不像北方的暴雨，鞭子似地打得生疼，但是它们绵绵密密，阴柔执拗地包围着人，在头上脸上眼睛上织出一团乌蒙蒙的妖气，使我们分辨不清，感觉不对，判断失常。前面明明是一棵绿树，本来好好地、直直地站着，可我觉得它正蛇一样地蠕动，惊急之中差点撞上它。还有头上的藤条，上面的水珠似乎全变成蜘蛛的身体，“啪嗒啪嗒”直往下掉，于是不由自主地缩紧脖子，乌龟似的躲避着这张邪恶的网。脚下的路变得越发高低不平，眼睛盯得越紧，就越觉得地裂开一条条大缝儿，一不小心就会掉进去。我穿的鞋也糟糕透了，是一双没有系带的矮式坡跟皮鞋，在平地上走还一掉一掉的呢，更难对付这满山牙齿的碎石道，走不出三步，就滑个大趔趄，再迈出五步，鞋和脚又分了家。往上坡走的时候还好，就怕下山，简直像踏着滑板似地直往下溜儿。真不知道这世界上哪儿来这么多山，这没用的山，要这么多没用的山做什么？那一年在贵州，我们坐着汽车在山里跑，睡了醒，醒了睡，跑了三天三夜，一睁开眼还是山！从那时起，我就开始惧怕山，也腻味了山。不再愿意走山路。更何况是用双脚走！更何况是冤枉路！

可是还得走。一步一步地走。少一步也不行。

杨闻宇君比我沉着得多。焦灼只在他眼睛里闪了一下，就立刻被驱走了。一回身，他不知从什么地方捡来一根虎口粗的竹棍，递过来，要我当拐杖。我嫌累赘，不肯要，因为手上已经有了一把雨伞。有经验的杨君就一边力劝我拿着，一边拎着棍子跟着执意不接的我走。他挑出一个话题，好像是有关散文的什么题目，要跟我讨论。我心下明白他的用意，可是我选择了沉思。

陌生的大山里，摇曳的绿荫中，悲壮的黄巢义军之路上，就这么急煎煎地走着两个远方来的陌生人。

一步也不敢停下，停下来腿肚子就抖得像风中的薄纸。双脚早已失去了知觉，只是在机械地挪。杨闻宇是军人，可能已练过不知多少次急行军，已不怕走路。我呢，平时却已经几乎不走路了(前面说过，从家门口到报社门口是一条半小时的骑车路，自行车可以一直骑到楼门口)，而且已经非常懒得走路——身为现代都市人，已将人的自然属性丢失殆尽，真是可叹！

人的生存到底是什么呢？生命是什么？存在又是什么？有时活得累极了的时候，我会想到死，觉得与其活得那么痛苦、艰难，真不如躺倒来得美丽。所以我一向认为，当危险来临时，我会镇定自若地迎着召唤走上前去。可是生命自有它本能的生存愿望，它不听从你的理智，只千方百计地寻求生路，但凡有一丝希望也要牢牢地把握住，一如现在这么急急忙忙地赶路，赶在天黑下来以前，走出大山。那么作为生命的主人，我们怎么可以默视它的活力，不积极参与到它充满激情的搏斗之中呢？

脚下突然一滑，我“哎哟”一声，重重地出溜在地上，摔了个大屁墩儿。杨闻宇君一着急，也一个趔趄，歪倒在山道上。他的藏蓝色水洗布夹克衫，早已由身上扒下来搭在肩上，浇湿的头发绵绵软软地趴在头上，脸红得像关公。我低下头来看看自己，形象比他更差，竹棍不知什么时候已经攥在手里，手上、脚上全是稀泥。我们看着彼此的狼狈相，不禁哑然失笑。

杨君说：“平时在北京，你可没这副尊容吧？”

我心中一亮，差点叫出声：这不就是我所渴望的打破常规、穿透平庸、冒一次险吗？

它们竟在不期然之中，在这陌生的大山中，突然降临了！

我一骨碌爬起来，心里激情地欢叫着，浑身是劲地向前走去。迎接命运的挑战，嶙峋的山道就变成了铺着红地毯的诗意大道。远处山洼里，突然响起“甜，甜甜”，“甜，甜甜”的叫声，声音很大，比夜深人静的青蛙叫声还要大。我们都被惊呆了,不知道这是什么在叫?是蛙类?是山鸡?还是小动物的呼喊?这神秘的叫声使我想起了远在北京的小女儿甜甜,莫非是她在叫我?莫非是她在鞭策我努力走出大山?

山路就变得非常短。

不出一会儿似的,我们就迎上了前来找寻的当地同志,胜利地走出了大山。

## 四

许多天之后,我已回到北京,又回到两点一线的生活中。

有惊无险的大山遭际,还久久回旋在我的脑海里。我像品着浓香的醇酒一样,反反复复回味着当时的感觉,想对自己有一个重新的打量。

不在两点一线上的我,是个什么样子呢?

神秘的生命潜力被极大地唤醒了,激活了。青春的热血重又有力地奔涌周身。人变得勇敢、刚强、机智、无畏、顽韧,一扫平时的萎靡不振、畏葸不前、瞻前顾后、怕狼怕虎,顾忌重重。我一步一步坚实地走着,怀着信念,镇定从容,靠自己的实力,迎击着命运的突袭。最令我高兴的,是我不但没有成为军人杨闻宇的负担,而且还曾在最困难的时候,想到我应如何帮助他,尽管这完全是本末倒置的愚蠢念头。

在大山的皱褶里,在英雄的黄巢路上,在危险突然不期而至之时,我很满意自己,交出了这么一张出色的答卷。

这张以山作纸、以雨作墨、以坚定的信心做精神主宰的答卷,调动了我生命的力量,它唤醒了某种沉睡多年的关于冲锋、进取、挑战、创新的记忆,穿透了庸碌、琐碎、疏懒的生活节奏,使我意识到自己还行。这张答卷令我的信心增加,也使我继续向自己发问:走出大山之后,回归到平时的两点一线之中,我能否还保持着这股英气,交出一份出色的答卷呢?

简单固然令人生厌,然而这简单里面,难道就已做得尽善尽美?山外有山,天外有天，路可以一直走到天涯。不是有几次，已意识到自己的局限，想要冲破束缚，想要再闯新路，想要迸出更灿烂的火花？只是由于无端的惧怕，就宁可又重新选择了因循守旧的重复。重复既简单又省力气，还没有危险，好比一个表演了多年的舞蹈，已熟悉到每个动作都尽善尽美地程序化了，因此，虽然很容易就博得各方面的掌声，但只有舞蹈者自己知道，为了这些已得到的认同，他是牺牲了更优美更自由更奔放更富有探索精神的舞姿，是悲哀地压抑了个性，扼杀了创造性和闯劲，愧对了人的真实的生命。

应该有勇气换一个角度看看世界。

应该有勇气换一个活法体验一下人生。

按照心灵深处本能的呼唤，勇往直前地干上几件有价值的事——不再惧怕失败丢丑，也不怕讽刺、打击、造謠、中伤、讹诈、陷害、挑拨离间、流言蜚语、恶意相加、谗言詈骂。需要经常忆及生命的潜力几乎是无限的，经常地给自己一些压力，向还没有开辟的未知进军。

这样，即使不在大山里，不遇雨，不迷路，也能够为这个世界做出更多一些的贡献。

# 龙游石窟

莫 言

古代，有一个金毛小耗子成了精，变成一个美丽的姑娘。许多小伙子爱上了她，为她争斗。姑娘为了平息战争，就对他们说："我喜欢在地下阴凉的洞里生活，你们谁能挖出一个最美丽，最高大的洞窟，我就和他在洞里结婚。"于是，战争平息了，许多小伙子开始挖洞，互相比赛，日复一日，年复一年，儿子死了，还有孙子，到了后来，人们已经忘记了挖洞的目的，只知道挖洞是为了继承祖先的遗愿。于是就出现了这千古奇迹。所有伟大的工程，都源于爱情。